헌법의 힘
외교의 길

KB192137

헌법에서 시작되는 대한민국 외교정책의 재구성

헌법의 힘
외교의 길

최종건

21세기북스

헌법의 힘, 외교의 길

이 책을 집필하면서 어려운 시간을 보냈다. 글쓰기가 어려
웠다. 문재인 정부에서 5년간의 외교안보 최전방 생활을 마
치고 학교로 복직하니 어안이 벙벙했다. 나는 원래 국제정
치학자였다. 5년간 연구를 하지 못했으니 당연히 국제정치
이론에 대한 학문적 진지함은 얕아졌다. 현장의 추억 아닌
추억은 이론서보다 신문과 인터넷을 탐독하게 했고 나는
누구인가, 앞으로는 무엇을 해야 하는가를 고민하게 했다.
내가 국제정치학의 길을 선택했던 이유는 학자가 되기 위
해서였고 학문의 길에서 연구와 강의를 즐겼다. 헌법이 없
는 정치 공간인 국제정치에서 세계가 작동하는 질서를 연

구하는 학문이 국제정치이론학이다. 나는 이 학문에 몰두하는 삶에 만족했다.

혼란스러웠던 시대에 선한 지도자인 문재인 후보를 만나 청와대와 외교부에서 학자로서 경험할 수 없는 일들을 보았을 뿐만 아니라, 그 안에서 우리의 외교안보 정책을 만드는 정책결정자로 살았다. 문 대통령의 비서관으로 판문점, 비무장지대, 평양, 워싱턴, 북경, 모스크바 등에서 한반도 평화를 만들고 지키는 일들을 했다. 코로나19 시대에는 외교부 1차관으로서 서아프리카와 중남미, 이란과 유럽, 미국과 일본 등을 오가며 외교의 최전방에 있었다.

그러나 이 책은 외교 현장의 회고록이 아니다. 내가 무엇을 했고 보았고 느꼈다고 쓰고 싶지 않았다. 아직 현장에서 일하는 사람들이 많기 때문이다. 추상성을 강조해야 하는 이론을 집중적으로 조명하고 싶지도 않았다. 현장의 경험을 내 안에 더 숙성시킬 시간이 필요하기 때문이다. 나는 아직 이론과 현장을 간명하게 엮어낼 재주가 부족하다. 나의 첫 책『평화의 힘』[1]에서 밝힌 한반도 평화 프로세스 관련 내용들을 반복할 수도 없는 일이었다. 문재인 대통령과 함께 펴낸 『변방에서 중심으로』[2]에는 내가 직접 밝힐 수 없었던 비하인드 스토리와 내가 경험한 외교안보 분야의 생동감이 대통령과의 대담 형식으로 담겨 있다. 하지만 문재인 정부의 잔상 위에서 추억을 곱씹으며 내 학문적 인생을 살 수는 없다. 그렇다고 그 시간 동안 습득한 기술과 지식을 사장死藏시킬 수도 없다는 문제의식은 늘 가지고 있었다.

이 책은 외교 에세이다. "외교는 무엇이어야 하는가?"라는 문제의식의 당위에 대해 현장 경험과 국제정치학이 소통하며 펴낸 글이다. 일반인에게는 낯설게 느껴지는, 때로는 거리감이 있는 외교에 대해 조금은 쉽게 풀어낸 글이기도 하다. 이 책을 통해 외교에 대한 이해가 조금은 높아지길 바란다.

이 글의 결론은 이렇다. 외교는 국민의 자존감을 보호하는 국정國政이다. 외교는 국가의 안전과 이익을 지켜내는 고도의 기술이다. 외교는 미래의 먹거리를 발굴하는 현재의 소통이다. 무엇보다도 외교는 국민을 위해 존재해야 하는 헌법 가치를 실현하는 길이다. 그래서 이 책의 제목이 『헌법의 힘, 외교의 길』인 것이다.

이 책의 집필이 끝났을 무렵, 2024년 12월 3일 야밤에 윤석열 대통령은 "북한 공산 세력의 위협으로부터 자유 대한민국을 수호하고, 우리 국민의 자유와 행복을 약탈하는 파렴치한 종북 반국가세력들을 일거에 척결하고 자유 헌정질서를 지키기 위해 비상계엄을 선포"하였다. 윤석열 정부의 정책을 반대하는 세력들을 종북 반국가세력이라는 이름으로 규정해 군대의 힘으로 짓밟으려 한 친위 쿠데타이자 헌법을 위반한 내란을 일으킨 것이다.

대통령이 비상계엄을 선포한 그 순간, 마음 깊은 곳에서부터 싸늘한 충격과 혼란이 차올랐다. 과거의 어두운 역사 속에만 존재했던 '비상계엄'이라는 단어가 현실이 되었을 때, 마치 시간을 빼앗긴 정적 속에 갇혀 있는 듯했다. 총을 들고 국회로 진입하려는 군인들의 모습은 대한민국 민주주의의 마지막 보루가 사라질지도 모른다는 위기감을 심어주었다. 솔직히, 두려웠다. 그들이 내 집으로 찾아올 수도 있겠구나 생각했다. 그들에게는 나도 종북 반국가세력이니 말이다.

헌법을 배신한 윤석열 대통령의 외교는 지난 2년 반 동안 대한민국 국민의 자존감에 큰 상처를 남겼고, 외교의 방향성을 심각하게 왜곡했다. 헌법에 명시된 민주주의와 국민 주권의 원칙을 무시한 외교 행위는 국익을 혼란에 빠뜨렸을 뿐만 아니라, 그동안 대한민국이 지켜온 협력외교의 틀을 허물고 특정 국가에 치우친 편향된 외교를 초래했다. 미국 뉴욕 외교 현장에서 윤 대통령은 미국 대통령을 겨냥한 부적절한 발언으로 논란을 일으켰고 이를 비판하는 국내 언론과 시민들을 억압했다.

윤석열 대통령은 대한민국 외교의 품격을 손상시키는 동시에 국민의 자부심에도 상처를 입혔다. 북한 문제에서는 대화와 협상을 강조했던 외교적 해법을 "선의에 기댄 가짜 평화"라고 일축하며 남북 간의 신뢰 구축을 위한 노력을 폄하했다. 그사이 북한은 러시아와 전략적 동맹을 강화했고 적대적인 2국가론을 주장하며 한반도 평화의 가능성을 더욱 희박하게 만들었다. 남북 접경 지역 주민들은 대북 확성기와 대남 확성기의 소음 때문에 불안 속에 살아가고 있다. 북한이 보내온 오물 풍선을 알리는 재난 문자들은 윤석열 정부의 대북 관리 능력이 사실상 마비 상태에 이르렀음을 보여준다.

시민들의 불안은 이제 일상이 되었다. 채 상병 사망 사건에 대한 진실은 박정훈 대령의 항명 사건으로 변질되었고 젊은 병사의 비극적 죽음 앞에 책임 있는 자세를 보이는 이는 없다. 이태원 참사로 159명의 젊은 생명이 희생됐지만 정부는 이를 단순한 사고로 치부하며 방관자의 태도를 유지했다. 국가안보를 강조하면서도 정작 국민의 생명과 안전에는 무관심한 정부의 모순적인 태도다.

국민의 생명을 보호해야 할 정부가 오히려 그 책임에서 벗어나려는 모습은 국민에게 깊은 충격을 안겼다. 민족의 독립을 위해 헌신했던 인사들을 '공산당원'으로 폄훼하며 그들의 희생을 왜곡했다. 또한 한일 관계 회복이라는 명목 아래 피해자들의 권리를 침해하며 위법적인 제3자 대위변제를 강행했다. 강제징용 피해자들을 단순히 '돈으로 해결하면 되는 피해자'로 축소했다. 이는 대한민국의 역사적 정당성과 국민의 자존심을 심각하게 훼손하는 행위다.

외교와 안보는 국민의 신뢰와 협력을 바탕으로 할 때 진정한 가치를 발휘한다. 그러나 윤석열 정부는 국민의 신뢰를 얻기는커녕 불신과 혼란을 증폭시키고 국가의 미래를 위한 협력과 조화를 이루는 데 걸림돌이 되고 있다. 외교가 허영의 공간이 되어버린 듯하다.

우리는 다시 헌법의 의미를 생각해야 한다. 민주주의는 헌법을 수호하고 그 가치를 국정에 투영시킬 때 진보한다. 외교도 예외일 수 없다. 통상 국제정치를 무정부^{Anarchy} 상태라고 한다. '지구연방정부'가 존재하지도 않고 '지구별 헌법'도 없으니 헌법이 존재하는 국내정치와 근본적으로 다를 수밖에 없다. 그러나 외교가 국가의 헌법적 가치와 국가의 이익을 위해 정부가 다른 나라를 상대로 펼치는 국정의 연장이라고 한다면, 헌법은 분명 외교의 길에 영향을 미칠 것이다. 아래의 글은 내가 2020년 8월 15일에 외교부 1차관으로 임명된 후, 외교부 전체 이메일로 보낸 취임사 일부분이다.

"저도 이제 외교부의 식구가 되었습니다. 동료 여러분, 국익이라는 이름으로 국민에게 희생을 강요할 수 없습니다. 국가의 권력은 오로지 국민에게만 나옵니다. 대통령님의 8.15 경축사*처럼 국가는 국민의 행복을 보장해야 합니다. 외교안보 영역의 '국익' 또한 대한민국의 민주주의와 헌법정신으로부터 예외일 수 없습니다. 국민이 요구하는 시대정신과 괴리된 국익은 국민의 이익이라고 할 수 없습니다. 특히 코로나19와 같이 비전통 안보가 국민의 일상을 위협하고 있는 이 시대, 우리는 이보다 실용적이고 실질적인 외교, 국민을 위한 외교를 해야 할 것입니다. 국민의 자존감을 국제정치에서도 지켜내는 것이 외교의 역할입니다."[3]

이 글을 되새기는 이유는 명료하다. 외교 현장에서 흔히 거론되는 국익은 반드시 헌법의 테두리 안에서 작동해야 한다는 점, 국민과 괴리된 외교는 결코 경쟁력을 가질 수

● 문재인 대통령은 2020년 8월 15일 77주년 광복절 기념사 끝부분에 다음과 같은 연설을 했다.
"존경하는 국민 여러분, 독립유공자와 유가족 여러분, 해외 동포 여러분, 국가를 위해 희생할 때 기억해 줄 것이라는 믿음, 재난 재해 앞에서 국가가 안전을 보장해 줄 것이라는 믿음, 이국땅에서 고난을 겪어도 국가가 구해줄 것이라는 믿음, 개개인의 어려움을 국가가 살펴줄 것이라는 믿음, 실패해도 재기할 수 있는 기회가 보장될 것이라는 믿음, 이러한 믿음으로 개개인은 새로움에 도전하고 어려움을 감내하고 있습니다. 국가가 이러한 믿음에 응답할 때 나라의 광복을 넘어 개인에게 광복이 깃들 것입니다."

없다는 점, 그리고 유연한 사고와 실용적 관점이 외교에 필수적이라는 점을 강조하기 위함이다. 이는 이 책의 핵심 주제이기도 하다. 이 책에는 국민이 국가를 신뢰하고 지지할 때 비로소 강력한 외교력을 발휘할 수 있다는 신념이 담겨 있다.

헌법의 힘은 외교의 길을 만든다. 헌법은 한 국가의 역사적 정체성과 가치, 그리고 정부가 지켜야 할 주권자와의 약속을 담고 있는 근본적인 규범이다. 헌법의 힘은 국민의 신뢰와 지지에서 나오며 이 힘은 외교에서도 결정적인 역할을 한다. 외교는 헌법의 틀 안에서 국가의 정체성은 물론 국익과 국민의 권익을 지키는 방향으로 전개되어야 한다. 헌법을 외면한 외교는 국민과의 괴리를 초래하고, 외교의 경쟁력을 약화하는 요인이 된다. 국민이 정부를 신뢰하지 않는다면 국가를 대표하는 지도자는 외교 현장에서 설득력과 협상력을 발휘하기 어렵기 때문이다.

대한민국의 헌법은 민주주의와 국민 주권, 그리고 평화를 강조한다. 이러한 헌법적 가치는 대한민국 외교의 정당성을 뒷받침하며, 대한민국이 국제사회에서 존중받는 국가로 자리매김하게 한다. 2016년 박근혜 대통령 탄핵 이후, 우리는 헌법적 절차에 따라 평화적으로 민주적 회복력을 발휘했기에 국제사회의 찬사와 신뢰를 얻을 수 있었다. 헌법적 가치가 외교력으로 전환되었음을 의미한다. 따라서 2024년 윤석열 대통령의 친위 쿠데타가 우리의 외교력에 타격을 가했다면, 헌법적 절차에 따른 탄핵소추의 과정이 우리 외교의 정당성을 회복시켜 줄 것이다. 이것이 바로 헌법의 힘이다.

결국 외교의 길은 헌법의 힘에서 시작된다. 국민의 지지와 신뢰, 헌법적 가치를 기반으로 한 외교만이 국익을 창출할 수 있으며 지속 가능한 외교를 가능하게 할 것이다. 이 책이 외교의 본질과 방향성을 성찰하게 하고, 헌법과 국민, 국익을 지키는 외교의 길이 무엇인지 생각할 기회를 주길 바란다. 너무 이론적으로 쓰지 않기 위해 노력했지만 이론에 관심이 있는 학부생, 대학원생들을 위해 참고문헌을 첨부해 두었다.

내 생각을 정리할 시간을 충분히 준 북이십일의 황보주향 편집자에게 감사하다. 황보주향 편집자와는 아무런 인연이 없었는데도, 어느 날 내 연구실로 찾아와 집필을 제안해 주었다. 지난 2년 반 동안 나를 끌고 밀며 산을 오르고 산 아래 세상을 함께 바라본 문재인 정부 청와대 시절 함께 일했던 동지들, 나와 함께 일했다는 이유만으로 차별받은 외교부 동료들, 매주 월요일 아침에 따뜻한 커피를 내어주는 MBC 〈시선집중〉 작가님들, 나의 강의와 연구를 도와준 조교들, 나에게 술과 밥을 사준 염창초등학교 친구들, 나와 술과 밥을 먹어준 선후배 동료 교수들과 후배들, 이제는 함께 나이 들어 가는 제자들, 그리고 아내와 아들에게 감사하다. 이 책은 오로지 나의 책임이다.

구기동에서
최종건

차례

1부

극장에 불이 났다

4부
민주주의와 외교, 그리고 외교력

1부

극장에 불이 났다

●

외교는 우리나라 밖에서 벌어지는 국제관계를 다루지만, 그 속에 담긴 이야기는 결코 우리 일상과 멀리 있지 않다. 국내정치와는 전혀 다른 방식으로 작동하는 국제정치의 세계에서, 외교는 국가의 운명을 좌우할 만큼 중요한 역할을 한다. 여의도에서 벌어지는 국내정치는 비교적 시민들이 쉽게 접근할 수 있고, 사회단체나 노동조합을 통해 정부에 의견을 전달하거나 선거를 통해 정권을 교체하는 방식으로 직접 참여할 수 있다. 이 모든 과정은 언론이나 소셜미디어에서도 쉽게 접할 수 있다.

헌법이 없는 정치 공간, 국제정치

대한민국 선박이 납치되었다

2021년 1월 4일, 한국케미호는 중동의 페르시아만과 오만만을 잇는 호르무즈해협 인근에서 항로를 따라 항해 중이었다. 그러나 갑작스럽게 이란혁명수비대의 군함이 물살을 가르며 다가왔다. 긴박한 무선 교신이 오갔지만 일은 순식간에 일어났다. 이란혁명수비대는 자국의 해양환경법을 위반했다는 이유로 한국케미호를 나포했고 그 소식은 바다를 넘어 전 세계로 퍼져나갔다. 한국과 이란 사이에 팽팽한 긴장감이 감돌았다. 이란혁명수비대의 주장은 단호했다.

"유조선이 우리의 해양환경을 오염시켰다."

한국 정부와 한국케미호의 선사 측은 즉각 반발했다. 나포 당시 한국케미호는 국제항해규정을 철저히 준수하고 있었고 환경오염을 일으켰다는 증거 또한 어디에도 없었다. 이란의 주장에 신빙성이 부족하다는 판단을 내린 한국 정부는 이란에 강하게 항의하며 즉각적인 대응에 나섰다. 선박과 선원의 안전한 귀환을 최우선으로 삼고 이란과의 대화 채널을 유지하며 갈등을 풀기 위해 노력하는 한편, 국제사회와 협력하며 평화적 해결을 모색했다. 이 사건은 단순한 나포 사건을 넘어 미국의 대이란 제재가 얽힌 복잡한 국제적 긴장 속에서 한국과 이란의 미묘한 외교적 균형을 보여주는 상징적인 장면이 되었다.[4]

한국케미호 나포 사건의 이면에는 해양오염과 관련된 법적 분쟁을 뛰어넘는 깊고 복잡한 이해관계가 자리하고 있다. 그 중심에는 약 70억 달러에 달하는 이란의 동결 자산이 있었다. 한국은행 등 국내 은행에 묶여 있는 이 자금은 과거 한국이 이란으로부터 원유를 수입하며 지불해야 할 대금이었다. 하지만 2018년 미국 트럼프 행정부가 이란핵

합의JCPOA에서 일방적으로 탈퇴하고 이란에 강력한 제재를 재개하면서 상황이 급변했다.[5] 이란의 핵 개발과 미사일 프로그램이 중동의 안보를 위협한다고 판단한 미국은 이란이 테러 단체를 지원하고 있다는 이유로 제재의 고삐를 단단히 죄었다. 미국의 금융 제재로 인해 국제 결제망으로 이란에 원화 자금을 이전할 수 없게 된 것이다.

한국은 딜레마에 빠졌다. 미국이 이란중앙은행을 테러 단체를 지원하는 배후로 지목했기에 이란중앙은행과 거래할 경우 한국도 제재를 받게 되는 상황이었다. 한국은 울며 겨자 먹기로 자산 동결 상태를 유지할 수밖에 없었고 이란의 불만은 점점 커졌다. 절박해진 이란은 동결된 자산을 사용하기 위해 한국에 대금을 돌려달라고 지속적으로 요구했다. 하지만 한국이 이를 해결하지 못하자 압박 수단으로 한국케미호를 나포한 것으로 추정된다. 마치 칼끝처럼 날카롭게 한국을 겨눈 이란의 전략적 행보는 외교적 긴장의 도화선이 되었다.

1월 10일, 당시 외교부 1차관이었던 나는 무거운 발걸음으로 이란을 향해 떠났다. 이란과의 교착 상태에서 선원들의 안전한 석방이라는 과제는 마치 산처럼 버거운 무게로 다가왔다. 사람의 안위가 달린 협상은 학자 출신인 내게 엄중하고도 무거웠다. 테헤란에 도착하자마자 이란 정부의 주요 인사들을 만났다. 이란 외교부와의 협상을 시작으로 법무부 차관, 의회 외교안보위원회 위원장, 최고지도자실 외교안보 고문, 그리고 학계 인사까지 만났다. 각기 다른 이해관계 속에서 이란의 입장을 경청하며 협상의 실마리를 찾아야 했다.

상대방의 의도를 파악하기 위해서는 먼저 경청이 필요했다. 이란의 주장을 꼼꼼히 듣고 그들의 입장을 이해하려고 노력했다. 경청의 자세를 유지하면서도 머릿속에서 분명히 하고자 한 것은 하나였다. 동결된 자금 문제와 나포 문제를 의도적으로 분리하는 것이었다. 하지만 이란의 협상 전략은 두 가지 문제를 연계하는 것이었다. 이란 측은 우리가 이렇게 말하기를 기대했을 것이다.

"서울에 있는 자금을 돌려주면, 우리 선박과 선원을 풀어줄 거야?"

그들의 의도는 분명했다. 이란은 경제적·정치적 제재로

인한 압박을 해소하기 위해 한국케미호 나포를 협상의 지 렛대로 삼으려 했다. 나포 사건은 이란의 어려운 상황을 타개할 수 있는 외교적 카드였던 것이다. 그러나 우리는 대한민국의 주권과 선원 및 선장의 안전이 우선이라는 원칙을 결코 놓지 않았다.

이란의 협상 전략을 분석하면서, 그들의 정치적 상황과 경제적 어려움을 필수적으로 이해해야 했다. 이란은 미국의 경제제재로 인해 심각한 경제 위기에 처해 있었고 한국에 동결된 약 70억 달러, 한화로 7조 7,000억 원에 이르는 원유 수출대금은 그들에게 있어 가장 중요한 문제였다. 이란은 한국에서 그들의 정당한 자금을 인질로 잡고 있다고 강하게 주장하고 있었다. 그들의 요구와 압박은 명확했다. 자신들의 자금을 풀어달라, 그렇지 않으면 이 나포 문제를 쉽게 해결하지 않겠다는 메시지가 담겨 있었다.

외교는 치열한 심리전이다. 협상은 법적 논쟁을 넘어 얽히고설킨 정치적·경제적 이해관계의 미로 속에서 이란과 한국의 균형을 맞추는 과정이었다. 우리에게는 선박과 선원의 무사 귀환이 최우선이었지만 향후 한국과 이란의 외교적 관계가 깨지지 않도록 세심하게 다루어야 했다. 동결 자금과 나포 문제를 섣불리 엮는 순간, 그것은 단지 선박과 자금의 교환 거래로 전락할 수 있었다.

이란 측의 주장에 맞서 나는 대한민국의 법적 입장과 국제해양법의 원칙을 분명하게 전달했다. 이란은 자국의 해양환경보호를 이유로 한국케미호 나포를 정당화하려 했지만 나포는 적절한 증거 없이 이루어졌기에 부당한 행위였다. 나는 환경을 오염했다는 증거를 내놓으라고 했다. 무엇보다 선원들의 안전이 최우선 과제였기에 이를 여러 차례 강조하며 이란 측에 인도주의적 관점에서 선원들의 조속한 석방을 강력히 요구했다.

협상은 결코 순탄하지 않았다. 이 과정에서 이란 외교부의 압바스 아락치[Abbas Araghchi] 정무차관과의 소통이 큰 도움이 되었다. 압바스 아락치 차관은 미국과의 이란핵합의에서 실무수석 대표를 역임한 저명한 협상가였으며, 그와의 진솔한 대화는 이란 측의 입장을 파악하고 우리의 입장을 전달하는 데 중요한 역할을 했다. 나 역시 우리의 입장을 허심탄회하게 설명할 수 있었고, 수시로 소통하며 상호 신뢰를 구축했다.

나는 압바스 아락치 차관에게 명확하게 경고했다.

"나포 문제가 해결되지 않으면, 한국과 이란의 관계는 여기서 멈출 수밖에 없다. 그것은 동결 자금 문제를 넘어 미국 제재 이후 한국과 이란의 관계 발전 가능성도 없다는 것을 의미한다."

이 발언은 단순한 협상 기술이 아니었다. 그것은 대한민국의 원칙적 입장이자, 선박과 선원의 무사 귀환을 위해 우리가 양보할 수 없는 선이었다. 그 자리에서 나는 대한민국의 목소리를 분명하게 냈고, 그 울림이 협상장을 넘어 이란 측의 심장부에 닿기를 기대했다.

2021년 2월 2일, 이란은 선원 열여덟 명을 석방했다. 내가 테헤란을 방문한 지 20여 일 만의 일이었다. 4월 9일에 선박과 선장이 풀려나면서 사건은 95일 만에 종결되었다. 한국케미호 사건은 국제사회에서 외교의 역할을 상기시켜 준 사건으로 기억될 것이다.

국가 간의 갈등은 언제나 존재한다. 외교는 갈등 속에서도 상호 신뢰와 협상을 통해 문제를 해결하는 강력한 도구임을 이 사건을 통해 분명히 증명해 보였다. 외교의 중요성은 바로 여기에 있다. 상대국의 상황을 이해하고 자국의 이익은 보호하며, 동시에 국제적 규범을 준수하는 복잡한 과정 속에서 국가의 미래와 국민의 안전을 지키는 것이 외교의 궁극적인 역할이다.

이후 개혁파 정치인 마수드 페제시키안^{Masoud Pezeshkian}이 이란 대통령에 당선되면서 압바스 아락치 정무차관은 이란의 외교부 장관 자리에 올랐다. 언론을 통해 그가 이스라엘과 이란 간의 확전을 막기 위해 분주히 움직이는 모습을 볼 때마다 테헤란에서 나누었던 대화가 떠오른다. 치열했던 협상장의 공기, 서로의 입장을 허심탄회하게 나누었던 순간, 냉철한 협상가였던 그의 표정과 목소리, 그리고 그 속에서 느꼈던 양국의 깊은 고민이 지금도 선명하다.

외교는 무엇인가

외교는 우리나라 밖에서 벌어지는 국제관계를 다루지만 그 속에 담긴 이야기는 결코 우리 일상과 멀리 있지 않다. 국내정치와는 전혀 다른 방식으로 작동하는 국제정치의 세계에서, 외교는 국가의 운명을 좌우할 만큼 중요한 역할을 한다. 여의도에서 벌어지는 국내정치는 비교적 시민들이 쉽게 접근할 수 있고 사회단체나 노동조합을 통해 정부에 의견을 전달하거나 선거를 통해 정권을 교체하는 방식으로 직접 참여할 수 있다. 이 모든 과정은 언론이나 소셜미디어에서도 쉽게 접할 수 있다.

하지만 국제정치, 특히 외교의 무대는 다르다. 대통령, 외교부 장관 같은 고위 인사들이 이끌어가는 외교 현장은 일반 시민에게 친숙하지 않다. 국가 간 협상과 고위급 회담은 그 무게감이 다르고 대중에게 전체 과정이 공개되지 않는 경우가 많다. 그렇기에 우리는 주로 뉴스나 소셜미디어를 통해 국제정치의 단편적인 결과만을 접할 수 있다.

그러나 이 거리감은 빠르게 사라지고 있다. 스마트폰 하나로 전 세계의 뉴스를 실시간으로 확인할 수 있고, 현장에서 벌어지는 외교적 사건을 눈앞에서 보는 듯이 경험할 수 있다. 예전에는 알기 어려웠던 외교 회담의 뒷이야기나 현장의 목소리를 듣는 것도 더는 어렵지 않다. 어느새 우리는 국제정치의 흐름을 더욱 가깝게 느끼고 있다.

외교의 영역은 점점 확장되고 있다. 기업은 글로벌시장에서 경제외교를 펼치며 시민사회는 국제적인 네트워크를 통해 다른 나라의 시민사회와 교류하면서 글로벌 어젠다에 연대하며 함께 목소리를 내고 있다. 다국적 기업은 비즈니스만 하는 것이 아니라 국제적 규범을 준수하며 각국 정부와의 관계 속에서 외교적 역할을 수행하기도 한다. NGO 같은 시민 단체 역시 중요한 외교적 주체로 떠오르고 있다. 개인도 소셜미디어나 국제적 네트워크를 통해 국가 간의 중요한 이슈에 대해 의견을 표현하며 일종의 외교적 활동에 참여하고 있다.

그렇다면 오늘날의 외교는 과연 무엇일까? 우리는 이제 외교를 새로운 시각으로 바라봐야 한다. 외교의 중심에 국가뿐만 아니라 기업과 시민사회도 함께하고 있다면, 외교는 더 이상 우리에게 '먼 나라'의 이야기가 아니다.

국내정치와 국제정치

21세기의 외교를 논하기 전에 국내정치와 국제정치의 근본적인 차이를 짚어보자. 국내정치에는 헌법이 있지만, 국제정치에는 헌법이 없다. 이 점이 두 정치 영역을 본질적으로 다르게 만든다. 국내정치에서 헌법은 국가의 최상위 법질서로 모든 법과 제도 및 권력 구조의 근간을 제공한다.[6] 헌법은 단순히 국가의 법적 기초를 규정하는 것만이 아니라, 그 나라의 정체성과 역사, 외교적 지향점을 담아내는 중요한 문서이다. 헌법은 국민의 기본권과 자유를 보장함과 동시에 국가가 어떤 정치적 가치를 지향하는지를 제시하는 나침반 역할을 한다. 이는 국가 내부의 권력 구조를 규정하는 데 그치지 않고 외부 세계와의 관계에서 국가의 입장을 반영한다.[7]

대한민국 헌법은 분단의 역사를 넘어 평화 통일을 지향하는 국가의 정체성을 명시하며, 국민 주권과 민주주의 원칙에 기반한 정치 체제를 확립하고 있다. 헌법 전문에는 3.1운동과 임시정부 수립, 대한민국 정부 수립의 역사적 맥락이 포함되어 있다. 이는 헌법이 단순한 법적 문서가 아니라, 국민적 정체성과 역사적 정당성을 담고 있음을 보여준다.[8] 또한 국제 평화와 인류 공동 번영에 기여하겠다는 외교적 지향점을 명확히 함으로써 대한민국의 외교적 가치와 역할을 세계에 선언하고 있다.

헌법은 국가 내부에서 권력의 남용을 방지하고, 민주주의의 기본 원칙인 권력 분립을 통해 대통령, 국회, 사법부 등 주요 기관이 상호 견제와 균형을 이루도록 한다. 예를 들어 대통령의 권한을 제한하는 동시에 국회와 사법부가 국민의 대의와 법치주의를 지키도록 명확히 규정하여 권력이 특정 기관에 집중되지 않도록 한다. 이러한 체계는 국민이 주권자로서 국가 운영에 참여할 수 있는 제도적 틀을 제공해 국민의 권리를 보호하는 안전장치를 마련한 것이다. 대한민국 헌법이 곧 우리나라 민주주의를 상징한다고 해도 과언은 아닐 것이다.

헌법은 대한민국이 국제사회에서 어떤 태도와 가치를 추구해야 하는지를 명시함으로써 외교적으로는 국가의 행동 지침이 된다. 한반도의 평화와 번영, 궁극적으로 남북의 통일을 지향하며 인류 보편의 가치를 존중한다는 헌법의 원칙은 외교 정책의 기반이 된다. 이러한 헌법적 가치가 없다면 국가 권력은 무제한으로 행사될 위험이 있으며 독재와 혼란으로 이어질 수도 있다.

결론적으로 헌법은 단순한 법률 문서가 아니다. 대한민국의 정체성과 역사적 뿌리 그리고 외교적 비전을 담아내는 국가의 기본 설계도다. 헌법은 국민의 권리와 자유를 보호하고 국가가 법치와 민주주의의 원칙에 따라 안정적이고 합법적으로 운영될 수 있는 토대를 제공한다. 또한 과거의 역사를 기반으로 미래를 설계하는 가장 중요한 국가적 자산이다. 이 자산이 우리 외교의 근간이 되는 것이다.

그러나 국제정치는 국내정치와 근본적으로 다른 특성을 띤다. 국내정치는 헌법과 법률을 통해 권력이 규율되고 권한이 분배되는 체제 안에서 이루어지지만 국제정치는 무정부 상태를 배경으로 한다. 무정부 상태란 국제사회를 규율할 수 있는 절대적인 권위나 중앙 집권적 구조가 존재하지 않음을 의미한다.[9] 결과적으로 각국은 자국의 주권을 보존하고 외부의 간섭 없이 정책을 실행하기 위해 실질적인 이익을 극대화하려는 경향을 보인다.

국내정치는 헌법이라는 최고 규범에 의해 강제력을 가지며 모든 국민과 기관이 법적 책임을 진다. 국제정치에서는 법적 규율이 존재하더라도 그 구속력은 제한적이다. 국제법과 국제조약은 국가 간 합의에 의해 만들어지기는 하지만, 강대국과 약소국 간 권력 불균형으로 인해 실질적으로는 정치적·경제적 힘이 국제관계를 지배하는 경우가 많다. 예를 들어 국제법상 불법으로 간주되는 행동도 강대국의 힘이나 외교적 논리에 의해 묵인되거나 심지어 정당화될 수 있다.[10] 국제사회가 합법성과 정당성을 놓고 끊임없이 논쟁하는 이유다. 합법성은 국제법 틀 안에서의 정당성을 의미하며, 정당성은 국제사회와 각국 국민이 이를 얼마나 받아들일 수 있는가에 대한 정치적 평가를 포함한다.

국가 간 협력과 갈등은 힘의 논리가 아닌 정당성과 합법성을 조화시키기 위한 외교적 노력을 통해 이루어지기도 한다. 국제정치의 무대에서 각국은 국익을 보호하고 생존을 확보하기 위해 다양한 외교 활동을 펼친다. 이러한 활동은 협력과 충돌의 반복 속에서 이루어지며 무역 협상, 군사

동맹, 환경 협약, 스포츠 외교 등 다양한 형태로 나타난다. 예를 들어 국제 무역 분쟁에서는 각국이 자국의 산업 보호와 경제적 이익을 위해 치열한 협상을 벌이며, 기후변화 협약 같은 글로벌 과제에서는 협력을 통해 공통의 목표를 달성하려 한다.

헌법이 없는 국가 간 정치에서 외교는 국익을 극대화하는 수단을 넘어 국가의 생존과 정체성을 지키는 도구가 된다. 외교는 힘과 이익의 논리가 지배하는 국제사회에서 헌법적 가치와 이상을 반영하면서도 현실적 도전에 대응하는 전략적 활동이다. 국제정치가 헌법의 강제력이 없는 무대에서 이루어진다 해도, 외교는 국가 간 관계를 조율하고 갈등을 관리하며 평화와 안정의 틀을 마련하는 데 중요한 역할을 한다.

불이 난 극장에서

현실주의자의 사고방식

상상해 보자. 당신은 오랫동안 개봉을 기다려온 영화를 보기 위해 극장에 들어섰다. 극장은 어둡고 사람들의 숨소리만 희미하게 들리며 스크린에서는 긴장감이 고조되고 있다. 갑자기 극장 구석에서 무엇인가 타는 냄새가 난다. 당신이 의아해하는 순간, 불길이 치솟으며 순식간에 극장 천장을 집어삼키기 시작한다. 한순간에 연기가 퍼지며 관객 사이에서 비명과 공포가 터져나온다. 심장이 미친 듯이 뛰고 몸은 경직된 채 눈앞의 믿을 수 없는 상황만 주시하고 있다. 출구를 찾기 위해 고개를 돌려보지만 이미 사람들이 몰려들어 혼란 그 자체인 상황이다. 사람들은 서로를 밀치며 앞뒤 가릴 새도 없이 달리고 있다. 공포에 질린 눈빛들이 교차하고 비명이 온몸을 마비시키듯 메아리친다.

당신의 발은 자신도 모르게 움직인다. 가슴속에서는 살아야 한다는 본능이 절규한다. 불꽃이 피부에 닿을 듯 가까이 덮치며 더운 열기에 숨이 턱 막히기 시작한다. 주변을 보니 아이 하나가 엄마의 손을 놓치고 울고 있다. 어쩔 줄 몰라 당황한 노인은 덜덜 떨고 있고 한 여성은 두려움에 굳어버린 채 한 발짝도 떼지 못하고 있다. 당신은 스스로에게 묻는다. '나 혼자만 나가면 되는가?' 마치 시간이 멈춘 것 같지만 불길은 계속 다가오고 있다. 사람들이 서로 밀치는 가운데 당신은 갈등에 휩싸인다. 이 사람들을 외면하고 도망친다면 어떻게 될까?

당신의 선택은 무엇인가? 무너져 내리는 천장과 시시각각 다가오는 불길 앞에서, 사방에서 울려 퍼지는 비명 사이에서, 당신은 생존을 위해 출구로 달려갈 것인가, 아니면 누군가를 돕기 위해 그 자리에서 발을 멈출 것인가?

먼저, 극장에 불이 나자마자 본능적으로 출구를 향해 질주할 수 있다. 당신의 머릿속에는 오직 하나의 생각만이 가득하다. 살아남아야 한다. 타인을 배려할 시간도 없다. 생존이라는 현실적 판단이 도덕적 판단보다 우선이다. 당장 탈출하지 않으면 불길에 휩싸일지도 모른다. 생존을 위해 앞사람을 밀쳐내며 출구로 달려간다. 누군가가 넘어졌을 수도 있지만 생존 본능이 강력하게 작동하는 순간에는 자신의 목숨이 우선시될 수밖에 없다.

이와 같은 행동은 국제정치에서 '현실주의자'들의 사고방식을 여실히 반영한다.[11] 현실주의자들은 국제사회가 기본적으로 분쟁적인 무정부 상태에 놓여 있다고 본다. 즉, 각국은 자신의 생존과 이익을 최우선으로 고려할 수밖에 없는 상황이며 국제적 권위나 질서가 없는 국가들은 자력으로 살아남아야 한다고 믿는다.[12] 힘이 모든 것을 좌우하는 세계에서 현실주의자들은 군사력과 경제력을 키워 자국의 이익을 보호하고 확대하려고 한다. 마치 불타는 극장에서 자신의 생명을 지키기 위해 출구로 달려가는 사람들처럼 타국의 이익이나 안보보다는 자국의 힘을 극대화해 생존을 도모한다. 군사력과 경제력이라는 물리적 힘이 국가의 존립을 결정짓는 핵심 요소라고 보기 때문이다. 힘이 곧 생존인 것이다.

국제정치에서 무정부 상태란 각국이 자신의 힘에만 의존해야 하는 현실을 뜻한다. 강대국이 약소국을 지배하고 압박하는 것도 이러한 힘의 논리에 따른 결과다. 이는 국제정치의 냉혹한 현실을 그대로 반영한다. 도덕과 이상이 아닌 힘과 생존의 논리만이 작동하는 세계에서 국가는 선택을 강요받는다. 우크라이나 전쟁에서 러시아는 군사력을 앞세워 자국의 이익을 확보하려고 했고, 이는 현실주의적 사고방식이 어떻게 국가의 행동을 결정하는지를 보여준다.

자유주의자와 구성주의자의 사고방식

이번에는 극장에서 안전요원의 지시에 따라 질서를 유지하며 차분히 탈출하는 사람들을 떠올려보자. 이들은 혼란 속에서도 안전요원이 상황을 통제하고 대책을 마련할 것이라는 신뢰를 바탕으로 움직인다. 무작정 밀치고 나가지 않고 공동의 질서를 지켜야 모두의 안전을 보장할 수 있다고 믿는다. 이들은 혼란스러운 상황에서도 규칙을 따르는 행동이 자신뿐만 아니라 모두에게 이익이 될 수 있음을 안다.

이러한 행동은 국제정치에서 '자유주의자'들의 사고방식을 반영한다. 자유주의자(혹은 제도주의자)들은 국제사회에서 협력과 제도가 중요한 역할을 한다고 믿는다.[13] 자유주의자들은 무정부 상태에서도 상호 신뢰와 규칙을 기반으로 국가 간 협력이 가능하며 이를 통해 전쟁처럼 극단적인 갈등을 예방할 수 있다고 주장한다. 그들에게 국제사회는 단순히 각국이 힘을 겨루는 무대가 아니라, 국제법과 국제기구가 국가 간 질서를 유지하고 공동의 이익을 추구하는 장치로 작동할 수 있는 공간이다. 마치 극장에서 사람들이 안전요원의 지시에 따라 침착하게 탈출하듯, 국가도 국제법과 규칙을 따르고 협력할 때 자신들뿐만 아니라 전 세계의 안전과 이익을 확보할 수 있다고 본다.

자유주의자들이 강조하는 국제 협력과 제도는 국제사회에서 갈등을 완화하고 공통의 목표를 달성하며 지속 가능한 평화와 번영을 촉진하는 데 중요한 역할을 한다. 이들은 국제정치가 힘의 균형만으로 좌우되지 않으며 제도와 규범을 통해 국가 간 협력의 가능성을 높일 수 있다고 본다.

예를 들어 세계무역기구^{WTO}는 국가 간 무역 갈등을 조정하고 공정한 거래를 촉진하기 위해 설립된 대표적인 국제기구다. 세계무역기구의 규칙과 절차는 무역 분쟁 해결의 틀을 제공하며, 회원국들이 합의한 규범에 따라 행동하도록 유도함으로써 국제무역의 안정성을 보장한다. 이러한 시스템은 경제적으로 취약한 국가에 예측 가능한 무역 환경을 제공해 경제 성장을 도모할 수 있는 기반을 마련해 준다. 세계무역기구는 무역 갈등을 해결하는 데 그치지 않고 국제무역 규칙을 진화시켜 글로벌 경제 질서를 안정화하는 역할을 한다.

유엔^{UN}은 평화 유지, 인권 보호, 개발 협력, 글로벌 환경 문제 해결 등 다양한 분야에서 국제 협력의 중심 역할을 하고 있다. 예컨대 유엔안전보장이사회는 국제 평화를 위협하는 갈등 상황을 조정하고 평화유지군 파병 같은 실질적 조치를 통해 갈등 완화를 도모한다. 유엔총회와 산하 기구는 기아, 빈곤, 기후변화 같은 전 지구적 문제를 해결하기 위한 다자간 논의와 협력을 촉진한다. 특히 유엔의 지속가능발전목표^{SDGs}는 국제사회가 공동으로 해결해야 할 문제를 명확히 제시하며 국가 간 협력의 틀을 강화하는 데 기여하고 있다.

자유주의적 관점에서 보면 이러한 국제 제도들은 단순히 국가 간 협력을 촉진하는 도구가 아니라, 국제사회의 규범과 신뢰를 형성하는 데 중요한 역할을 한다. 제도를 통해 형성된 신뢰는 힘의 논리에 의존하지 않고도 상호 이익을 추구할 수 있는 환경을 조성하며, 장기적으로는 더 큰 평화와 안정으로 이어질 수 있다. 따라서 세계무역기구와 유엔은 국제정치에서 법적 규율과 협력의 중요성을 보여주는 대표적인 사례로 평가받는다.

불이 난 극장의 사람들이 안전요원의 지시에 따른다면 가장 효과적으로 혼란을 최소화하고 모두의 안전을 지킬 수 있다. 이와 마찬가지로 자유주의자들은 국제사회에서도 국가들이 국제 규범과 제도를 준수하고 협력할 때 혼란과 갈등을 방지하고 국가 간 신뢰를 강화하며 더 큰 이익과 평화를 가져올 수 있다고 믿는다. 자유주의자들은 규칙을 준수하는 것이 도덕적 의무를 넘어 실질적인 이익을 창출하는 길이라고 강조한다. 이는 모든 참여자가 더 큰 안전과 번영을 누릴 수 있는 환경을 조성한다는 점에서 중요한 가치를 띤다.

　세 번째로, 불길이 번지고 혼란이 가중되는 상황에서 어린이와 노약자를 먼저 탈출시키는 사람을 상상해 보자. 이러한 행동에는 개인적인 선택의 문제나 생존 본능이 아닌 도덕적 의무와 사회적 기대가 반영되어 있다. 규범은 개인의 도덕적 선택이지만 공동체 전체가 위기를 극복할 수 있는 질서를 만드는 데도 중요한 역할을 한다. 마찬가지로 국제사회에서도 국가들이 상호 신뢰와 협력에 기반해 규칙을 준수하는 것은 단순한 선택의 문제가 아니라, 지속 가능한 평화와 발전을 위해 반드시 필요한 행위다. 유엔의 인권 보호 원칙이나 파리기후협정 같은 다자간 협력의 틀은 국제사회가 공통의 문제를 해결하기 위해 준수해야 하는 규범으로 자리 잡았다. 이러한 규범은 강제력을 가지는 법적 장치가 아니라 각국이 공동체의 일원으로서 지켜야 할 도덕적이고 실질적인 의무를 상징한다.

'옳기 때문에 해야 하는 행동^{appropriate}'으로서의 규범은 개인과 공동체뿐만 아니라 국제사회에서도 필수적인 역할을 한다. 옳은 행동 혹은 옳다고 생각하는 행동은 국제질서를 유지하고 갈등을 해결하며, 지속 가능한 협력과 평화의 핵심적인 토대가 된다. 이러한 규범이 지켜질 때 국제사회는 힘의 논리가 아닌 상호 신뢰와 협력의 사회적 규범으로 운영될 수 있다.

이러한 관점은 국제정치에서 '구성주의자'들의 관점과 맞닿아 있다.[14] 구성주의자들은 국제사회에서 국가가 물리적 힘이나 자국의 이익만을 추구하는 것이 아니라, 가치와 신념, 정체성에 기반하여 행동한다고 본다. 국가의 행위가 물질적 조건에 의해 결정되지 않고 사회적으로 형성된 규범과 정체성에 영향을 받는다고 믿는다. 불타는 극장에서 약자를 먼저 탈출시키려는 행동도 도덕적 신념과 규범에 의해 이루어지며, 이는 당연히 해야 하는 옳은 행동으로 내면화되어 있다. 이러한 규범적 행동은 국가 간 관계에서도 중요한 교훈을 제공한다.

국제정치에서 인권, 정의, 평화와 같은 보편적 가치를 실현하려는 노력은 구성주의가 강조하는 핵심 요소다. 예컨대 국제기구나 협정에서 인권 보호를 위한 개입, 분쟁 해결을 위한 다자 협력, 평화를 유지하기 위한 평화유지군 활동 등은 국가의 이익 계산에서 비롯된 것이 아니다. 국제사회에서 규범적으로 형성된 보편적 가치가 많은 영향을 미친다. 이는 국가와 개인 모두가 이익을 넘어 더 큰 공동체적 가치를 위해 행동할 수 있음을 보여주며, 구성주의가 제시하는 국제정치의 패러다임을 뒷받침한다.

체제론자의 사고방식

마지막으로, 불길이 점점 더 거세지는 와중에도 모든 것을 포기하고 탈출하지 않는 사람들도 있다. 이들은 혼란과 공포 속에서도 무력하게 자리에 앉아 절망에 휩싸여 아무 행동도 하지 않는다. 그들은 자신이 처한 상황에서 탈출할 방법이 없다고 믿으며, 발버둥 치는 것조차 무의미하다고 생각한다. 이 사람들은 국제정치에서 '체제론자' 혹은 '마르크스주의자'로 비유될 수 있다. 이들은 국제 체제가 근본적으로 강대국에 유리하게 설계되어 있기에 약소국은 아무리 노력해도 그 구조를 바꿀 수 없다고 믿는다.

체제론자들은 국제정치의 본질을 구조적 불평등으로 본다. 이들은 강대국이 주도하는 경제적·정치적 시스템이 약소국을 희생시키고 그렇기에 약소국이 번영하거나 체제를 바꿀 기회는 거의 없다고 주장한다. 예를 들어 아프리카의 지속적인 빈곤 문제나 남태평양 도서 국가들의 사회적 불안정은 그들이 스스로 극복할 수 없는 국제 체제의 산물이라는 관점으로 설명할 수 있다. 체제론자들은 강대국들의 경제적 착취와 정치적 지배가 유지되는 한, 약소국은 아무리 노력해도 상황을 변화시킬 수 없다고 믿는다. 마치 불이 난 극장에서 도망치기에는 너무 늦었다고 생각하며 모든 것을 포기한 사람들처럼, 이들은 불평등한 국제 체제가 지속되는 한 어떤 노력도 무의미하다고 생각한다.

국제정치에서 국가들은 위기 상황에 빠진 사람들이 그렇

듯 각기 다른 선택을 한다. 어떤 국가는 힘을 앞세워 생존을 추구하고, 어떤 국가는 협력을 통해 질서를 유지하려 한다. 일부 국가는 도덕적 가치를 내세워 약소국을 지원하기도 한다. 그러나 체제론자들은 어떤 선택도 큰 변화를 만들 수 없다고 본다. 무정부 상태의 국제정치에서는 국가가 자신들의 이익을 극대화하기 위해 어떤 외교 전략을 택하느냐에 따라 그 결과가 달라지겠지만, 그 선택이 구조적 불평등을 극복하지 않는 한 근본적인 문제는 여전히 해결되지 못한다는 것이다.

『화재가 난 극장』[15]은 1962년 아놀드 울퍼스^{Arnold Wolfers} 예일대 교수가 국제정치의 무정부 상태를 설명하기 위해 제시한 비유다. 그는 이 극한의 상황을 통해 국제정치에서 각국이 처한 불안정하고 예측 불가능한 환경을 상징적으로 설명했다. 국가는 국제사회라는 무정부 상태에서 늘 불확실성을 마주한다. 헌법의 부재는 각국이 자신의 생존과 안보를 최우선으로 고려하도록 만든다. 국제사회는 국내정치처럼 상위의 권위나 헌법적 체제가 존재하지 않기 때문에 국가는 독립적으로 결정을 내리면서 동시에 생존과 공존을 모색해야 한다. 이는 마치 불길이 급속히 번지는 극장 안에서 사람들이 생존을 위해 각자 행동하는 와중에 누군가는 규범적으로 행동하는 모습과 유사하다. 국제정치에서 국가들도 독립적으로 행동하지만, 생존과 이익을 넘어 공동체적 규범과 협력을 추구하려는 노력이 병행된다.

무정부 상태에서는 국가 간 신뢰 구축과 협력이 중요하다. 힘의 논리에서 벗어나 규범과 제도를 통해 상호 의존을 만들어내려는 노력은 국제정치의 분명한 현실이기도 하다. 자유주의적 관점에서는 국제 제도와 협약이 갈등을 완화할 수 있는 중요한 역할을 하며, 구성주의적 관점에서는 국가의 정체성, 신념, 가치가 행동을 결정하는 핵심 요소로 작용한다. 따라서 국가의 행동은 생존 본능에 국한되지 않고 신뢰와 협력을 통해 무질서를 극복하려는 인간적이고 규범적인 측면을 포함한다.

이러한 맥락에서 국제정치는 경쟁과 협력이 동시에 이루어지는 복잡한 장으로 이해할 수 있다. 생존이라는 현실적 필요와 규범적 가치를 조화시키는 노력이야말로 국제사회에서 생존과 공존을 동시에 도모하는 핵심 전략이라고 할 수 있다. 올퍼스의 『화재가 난 극장』 또한 국제정치의 복잡성을 드러내며 그 속에서 각국이 살아남기 위해 선택하는 다양한 전략과 대응 방식을 직관적으로 보여준다.

헌법이 없는 공간에서 발생하는 국가 간 정치 행위, 이는 곧 국가 간 규범을 강제할 상위의 권위가 없음을 의미한다. 따라서 국제사회에서는 각국이 외교와 협상을 통해 움직여야 한다. 때로는 갈등과 충돌을 피할 수 없다. 하지만 그 속에서도 국가들은 협력하고 상호 이익을 추구할 수 있는 기회를 찾는다.

국민이 국익이다

국익은 헌법에서 시작된다

정치인들이 가장 많이 사용하는 단어는 아마도 '국익國益'이 아닐까? 우리는 "국익의 관점에서", "우리의 국익에 따라", "국익을 우선으로" 같은 표현을 자주 접하게 된다. 국익은 외교적 판단에서 중대한 기준으로 자리 잡고 있으며, 외교 정책을 수립하거나 중요한 결정을 내릴 때마다 핵심에 놓이는 개념이다. 하지만 한 가지 의문이 생긴다. 과연 국익이란 무엇일까? 국익은 구체적으로 어떻게 정의되고 그 기준은 무엇에서 비롯되는 것일까?

국익은 정부나 정치인의 결정으로만 이루어지지 않는다. 대한민국 헌법 1조 1항은 "대한민국은 민주공화국"이며 1조 2항은 "대한민국의 주권은 국민에게 있고, 모든 권력은 국민으로부터 나온다"고 명확히 선언하고 있다. 따라서 국익도 국민의 의지를 반영하고 권리를 보장하는 데 뿌리를 두어야 한다.

민주공화국의 외교는 국민의 권익을 보호하고 국민이 부여한 권력을 바탕으로 국가의 이익을 지키는 중요한 수단이다. 외교는 헌법적 가치와 국민의 의지를 반영해야 하며 이를 벗어난 외교 활동은 국민의 권리를 침해하는 것이다. 이것이 상식이다. 국익이란 헌법이 보장하는 가치를 실현하는 데 목적을 둔다. 즉, 국익은 국민을 위한 것이며, 외교 활동에서도 반드시 지켜져야 할 중요한 원칙이다. 외교 또한 헌법의 테두리에서 실행되어야 한다는 의미이다.

대한민국 헌법에 따르면 국익은 국가의 이익을 넘어 헌법적 가치와 국민의 권리를 보호하고 실현하는 데 뿌리를 두고 있다.

첫 번째로, 민주공화국에서 국익의 기준은 헌법을 준수

하고 이를 보호하는 것이다. 헌법은 국가의 기반이며 이를 지키는 것은 국익을 실현하기 위한 출발점이다. 헌법이 보장하는 국민의 기본권과 자유, 법치주의의 원칙을 준수하는 것은 국가의 존립과 안정에 필수적이다.

두 번째로, 헌법 제4조는 "대한민국은 통일을 지향하며, 자유민주적 기본질서에 입각한 평화적 통일정책을 수립하고 이를 추진한다"고 명시하고 있다. 따라서 한반도의 평화를 확립하고 이를 기반으로 평화 통일을 지향하는 것은 대한민국 국익의 중요한 목표이다. 한반도 평화 정착을 위한 외교적 노력은 현재의 안정뿐만 아니라 미래의 지속 가능한 환경을 만들기 위해 필요한 과제다. 이는 통일 과정에서 자유민주적 기본질서를 유지하며 국민의 권리와 번영을 보장하기 위한 필수적인 전제 조건이다.

세 번째로, 헌법 제5조는 "대한민국은 국제평화의 유지에 노력하고 침략적 전쟁을 부인하며, 국민과 영토를 외부 위협으로부터 보호해야 한다"고 규정한다. 따라서 국익의 핵심에는 국민의 생명과 안전을 보장하고 국경을 수호하는 것이 포함된다. 이는 외교 정책과 국방 전략이 단지 방어적 조치로 끝나지 않고 국제사회에서의 책임 있는 행동과 평화 유지를 위한 적극적인 기여로 나아가길 요구한다는 의미이다.

결론적으로 국익이란 헌법적 가치를 바탕으로 국민의 권리를 최우선으로 보호하고 국가의 정체성과 미래를 보장하는 것을 의미한다. 국익은 추상적인 개념에서 벗어나 외교와 정책 현장에서 구체적으로 실현되어야 한다. 우리는 국익을 논의할 때 단순히 경제적 이익이나 외교적 성과에만 초점을 맞추는 것이 아니라, 헌법이 제시하는 국가의 기본 가치와 국민의 권리를 최우선으로 생각해야 한다.

국익의 개념을 더 깊이 이해하기 위해서는 다른 나라의 헌법에서 그들이 중요하게 여기는 가치를 살펴보는 것이 유익하다. 헌법은 각 나라의 정체성과 역사적 경험을 반영하는 법적 틀이며 국익의 정의와 목표를 이해하는 중요한 창이다. 각국의 헌법은 그 나라가 보호하고자 하는 가치와 국익의 우선순위를 보여준다. 독일 헌법(기본법) 제1조는 "인간의 존엄성은 침해될 수 없다. 인간의 존엄성을 존중하고 보호하는 것은 모든 국가 권력의 책무이다"라고 명시되어 있다. 독일 헌법은 인간의 존엄성을 최우선 가치로 삼고 있으며, 이는 독일이 제2차 세계대전 이후 반성의 과정에서 인권을 최우선으로 하는 헌법적 기초를 마련한 결과다. 독일의 국익은 군사적 힘을 앞세우기보다는 인권, 평화, 민주주의의 가치를 국제사회에서 구현하는 데 방점을 둔다. 이는 독일이 유럽연합EU 내에서 협력과 통합을 추구하는 주요 이유 중 하나이기도 하다.

미국 헌법의 서문은 "국가를 완성하고, 정의를 세우며, 국내의 평온을 유지하고, 공동 방위를 제공하며, 복지 증진을 추구하고, 자유의 축복을 보장한다"라고 규정하고 있다. 미국의 국익은 자유, 정의, 복지, 그리고 방어라는 핵심 가치를 명확하게 드러낸다. 미국은 자국의 자유와 안보를 지키는 동시에, 전 세계로 자유주의적 가치가 확산되도록 돕는다. 이는 미국이 국제 분쟁에서 민주주의의 수호자 역할을 자처하는 이유 중 하나다.

이처럼 각 나라가 헌법을 통해 국익을 정의하는 방식은 해당 국가의 역사적 경험, 가치 체계, 그리고 국가적 목표에 따라 다양하며 나아가 국익의 방향을 제시하고 이를 구체화하는 역할을 한다. 헌법은 국가와 국민의 정체성을 규정하는 동시에 외부의 도전과 위협으로부터 이를 보호하기 위한 토대를 제공한다. 또한 국가 간 협력과 상호작용에서 정당성을 확보하는 역할을 하며, 국익이 자국 중심적인 논리에 국한되지 않고 국제적 규범과 조화를 이루도록 이끄는 데 중요한 역할을 한다. 따라서 국익을 이해할 때 헌법의 중요성은 단순히 법적 기준으로 그치는 것이 아니라, 국가가 무엇을 목표로 하고 어떤 방향으로 나아가야 하는지를 정의하는 근본적인 기준으로 보아야 한다.

국익의 근본은 국민이다

오래전부터 정치경제학에서 논의되었던 '경제안보' 개념이 최근 국가안보 정책의 중심에 등장했다.[16] 이 개념은 핵심 산업과 공급망을 보호하는 데 있어 국가의 역할이 강화되고 있다고 지적한다. 과거에는 경제적 교류를 통해 상호의존성이 강화되어 평화가 유지될 수 있었지만, 이제는 전략적으로 중요한 자원을 확보하고 핵심 산업을 보호하는 경제안보가 중요한 축으로 자리 잡았다. 경제성에 기반한 가치사슬value chain보다 원자재와 부품의 안정적인 공급사슬supply chain을 확보하는 것이 더욱 중요해진 것이다. 이러한 변화는 미중 경쟁이 가속화되면서 더욱 부각되고 있으며, 공급사슬 위기와 팬데믹 같은 외부 요인이 변화를 가속화한 것이다.

오늘날 경제외교의 중요성은 과거 어느 때보다도 커지고 있다. 미국과 중국 간의 갈등에서 볼 수 있듯 군사적 대립이 아닌 최첨단 분야의 기술력 확보가 국가 경쟁력의 중심이 되는 상황이다. 두 나라의 경쟁은 무역 분쟁에서 시작해 전기차 배터리, 반도체, 바이오 기술 등 미래산업의 주도권을 두고 벌어지고 있다. 향후 세계 경제의 판도를 좌우할 중요 요소이기 때문에 각국은 원천 기술과 안정적인 생산망 확보를 위해 치열한 경쟁을 벌일 수밖에 없다.

미국과 중국 모두와 깊은 경제적 관계를 맺고 있는 우리는 미중 갈등 속에서 균형을 유지하는 외교 전략이 필수적이다. 특히 대한민국은 반도체와 배터리 같은 핵심 산업의 글로벌 공급망에서 중요한 위치를 차지하고 있기 때문에 우리의 이익을 극대화하고 위험을 최소화하는 경제안보에 집중해야 한다. 미래산업의 경쟁이 치열해질수록 대한민국은 경제외교를 통해 기술 혁신과 산업 경쟁력을 유지해야 한다. 이는 국민의 삶과 질, 미래 세대의 기회를 보호하는 데에도 중요한 영향을 미친다.

대한민국 정부는 분단을 극복해야 하는 헌법적 의무가 있다. 남북 긴장을 완화하고 협력적인 관계를 구축하는 평화정책이 국가의 생존과 번영을 위해 필수적인 외교·안보 과제이다. 분단으로 인한 대립과 갈등은 한반도만이 아니라 동북아시아 전체의 안정과 평화에 영향을 미치며, 이를 해결하기 위한 외교적 노력은 국가 안보의 핵심축으로 작용한다.

국민의 생명과 안전을 보호하기 위해 군사적 억지력은 중요한 수단이지만 그것만으로는 충분하지 않다. 오히려 지속 가능한 평화와 안정은 대화를 촉진하고 신뢰를 쌓을 때 가능하다. 외교는 협상의 도구에 그치지 않고 국가 간 오해를 풀고 갈등을 예방하며, 전쟁으로 이어질 수 있는 상황을 차단하는 가장 중요한 방어선으로 기능한다.

특히 한반도는 지정학적 요인과 역사적 특수성으로 인해 대화를 통해 긴장을 완화하고 상호 협력의 틀을 구축하지 않으면 다시금 불안정한 상황에 직면할 수 있다. 외교는 이러한 위기를 극복하기 위한 첫 번째 방어선이자, 국민의 생명과 안정을 지키는 가장 강력한 수단이다. 따라서 대한민국의 외교 정책은 평화를 중심에 두고, 전쟁을 막고 국가의 지속 가능한 발전을 이루는 데 초점을 맞춰야 한다. 이러한 맥락에서 외교는 한반도와 주변국의 미래를 결정짓는 중요한 전략적 수단임을 다시 한번 강조해야 할 것이다.

군사력은 국가 안보의 필수 요소지만, 외교가 무너진다면 전쟁은 불가피해진다. 최근 우크라이나와 러시아 간의 전쟁이나 이스라엘과 하마스 간의 전쟁을 보면 외교 실패가 얼마나 큰 비극을 초래할 수 있는지 분명히 알 수 있다. 그 어느 때보다 복잡한 국제관계 속에서도 외교는 전쟁을 예방하고 평화를 유지하는 핵심 도구로 자리 잡고 있다.

외교는 국민의 생명을 지키는 가장 중요한 수단이며, 이

것이 곧 국익을 지키는 핵심이다. 평화를 유지하는 외교적 접근은 국민의 안전을 보장하며 국제사회에서 대한민국의 외교적 입지를 강화하고 안정적인 경제 성장을 뒷받침하는 필수적인 요소로 작용한다.

결국, 국익의 근본은 국민이다. 외교는 국가 간의 복잡한 협상이나 권력 경쟁의 수단인 것처럼 보이지만 그 근본은 국민의 권리와 이익을 보호하고 증진시키기 위한 수단이다. 외교는 헌법적 원칙을 실천하면서 국민으로부터 위임받은 권력과 의지를 실현하기 위한, 국가 운영의 중요한 도구이다.

외교는 국가의 이름을 걸고 행하는 활동이지만, 외교의 성공 여부는 국민의 지지와 신뢰에서 비롯된다. 국민의 목소리를 반영하지 않는 외교는 지속될 수 없다. 따라서 외교는 국민의 권리와 이익을 최우선으로 삼아야 하며, 이를 통해 국가의 헌법적 가치를 실현하고 더 나아가 국제사회에서도 대한민국의 위상을 높이는 길로 이어져야 한다.

외교가 국민의 이익과 절연되면 지속 가능성이 사라진다. 또 국민의 지지를 받지 못하는 외교 활동은 상대국에

악용당할 뿐이다. "우리 국민의 이익을 지켜야 하기 때문에 안 돼"라고 이야기하는 외교가 가장 정상적인 외교이다. "이번에는 내가 대승적 결단으로 양보했으니 너희의 성의 있는 조치를 기대한다"는 건 매우 프로답지 않은 외교이다. 이익에 기반한 양국 관계가 마치 호의에 기대는 인간관계인 것처럼 이야기하는 것이다. 외교는 프로들의 게임이다.[17]

외교의 용기

국민의 자존감을 지키려면

대한민국은 세계 10위에서 12위 사이의 경제 대국이다. 단순히 "경제 규모가 크다"는 말로는 의미가 와닿지 않는다. 구체적인 수치를 살펴보면, 1980년 우리나라 국내총생산^{GDP}은 653억 달러에 불과했지만 2023년에는 1조 1,720억 달러에 이르렀다.[18] 이는 미국, 중국, 일본, 독일 등 주요 경제 강국에 이어 12위에 해당하는 수치로, 대한민국은 이제 동남아시아 여러 국가의 경제 규모를 합친 것과 비슷할 정도로 큰 경제력을 가진 국가다. 또한 유엔 분담금에서도 G7 국가들과 중국 다음으로 많은 분담금을 납부하는 등 세계 경제와 국제사회에서 우리의 위상이 매우 높아졌다.[19]

국익을 지키는 데 경제력이 중요한 기반이 되는 것은 부인할 수 없지만, 그것만으로 충분하지는 않다. 경제력은 국력을 뒷받침하는 주요 요소지만, 국력의 무형적 자산은 국민적 자존감이며 이는 외교 행위의 목적이기도 하다. 국민의 자존감은 개인적 차원에서의 자부심을 넘어, 국가의 정체성과 글로벌 무대에서의 역할을 이해하고 긍정적으로 받아들이는 국민 의식을 뜻한다. 대한민국의 경제력이 아무리 크고 안보가 견고하더라도 국민의 자존감이 무너지면 국정이 제대로 이루어지지 않고 외교도 어려워진다. 국민의 자존감은 국가의 정체성과 직결되며, 이를 지키는 것이야말로 외교의 핵심 과제가 되어야 한다.

코로나19 이후 다시 자유롭게 해외여행을 할 수 있게 되면서 대한민국의 위상을 피부로 느낄 수 있다. K-팝을 떠올리며 반갑게 말을 거는 사람들, K-드라마의 한 장면처럼 한국 음식을 즐기는 이들, K-뷰티 제품을 구매하려고 길게 줄을 선 외국의 소비자들을 목격할 때 대한민국이 세계적 주목을 받고 있음을 실감한다. 특히 K-방역의 성공은 대한민국의 국제적 이미지를 경제 강국을 넘어 '신뢰할 수 있는 나라'로 격상시켰다. 2020년 12월 2일, 세계보건기구는 한국의 코로나19 방역 성공은 혁신과 국민의 신뢰에 바탕을 두고 있다고 분석하는 자료를 공식 발간한 바 있다.[20] 문화, 기술, 그리고 위기 관리 능력이 결합된 종합적 국력의 결과물이었다. K-푸드와 K-뷰티의 세계적 확산 또한 대한민국의 창의성과 혁신 그리고 문화적 독창성을 보여주는 사례로서 국민들에게 긍지와 자부심을 안겨주었다.

대한민국과 같은 나라에서 '국민의 자존감'은 역사적 맥락 속에서 감정적 만족 이상의 중요한 의미를 지닌다. 우리는 일제강점기라는 식민 지배의 상처와 6.25전쟁으로 인한 분단의 고통을 겪으면서도 경제를 재건하고 민주주의를 이룩해 왔다. 한국의 역사적 경험은 국민에게 '어떠한 어려움 속에서도 우리는 해낼 수 있다'는 자신감을 심어주었다.

국민의 자존감은 국가의 외교 정책에도 뚜렷하게 반영되어야 한다. 대한민국은 자존감이라는 기반 위에서 세계와의 협력을 더욱 깊게 유지하고 그 과정에서 우리의 역사와 문화를 바탕으로 우리의 외교를 펴나가야 한다.

"국민의 자존감을 지키기 위해서는 외교에도 용기가 필요하다."

이는 단순한 구호가 아니다. 대한민국의 외교는 우리 국민이 자긍심을 잃지 않도록 보호해야 하며, 역사적 진실을 왜곡하지 않는 외교, 분단된 한반도를 평화적으로 이끌어가는 외교, 주변국과 협력해 위기에 대처할 수 있는 네트워크 외교를 지향해야 한다.[21]

하지만 윤석열 정부의 대일 정책은 한일 관계 개선을 강조하면서도 3자 대위변제와 사도광산 문제 같은 역사적 사안에서 전 국민의 반발을 불러일으켰다. 일본과의 경제협력과 안보협력을 강화하려는 의도에서 출발한 정책이었으나, 역사적 책임을 명확히 다루지 않는 정부의 태도가 국민의 자존감에 큰 상처를 주고 말았다.

3자 대위변제는 강제징용 피해자들에게 배상해야 할 일본 기업의 책임을 대신해 한국의 정부 재단이 배상금을 지급하는 방식으로, 일본의 과거사 책임을 희석하는 시도로 비판받고 있다. 일본이 아닌 한국이 배상금을 부담하는 방식은 피해자들의 고통과 역사적 상처를 외면한 처사이며 일제강점기의 인권 유린을 덮어두고 넘어가려는 태도이다. 강제징용 피해자들에게 역사적·법적 정의를 제공하지도 못할뿐더러 대한민국의 자존감을 훼손하는 결과만 낳았다. 과거를 제대로 직시하지 않은 채 미래로 나아가자는 윤석열 정부의 접근은 사법적 정의와 역사적 책임을 무시하는 외교라고 볼 수 있다.

사도광산 문제 역시 윤석열 정부의 대일 정책이 과거사 문제를 소홀히 다루고 있다는 비판을 받는 지점이다. 사도 광산은 일제강점기에 조선인 강제노동이 있었던 곳으로, 일본은 사도광산을 유네스코세계문화유산에 등재하려 하고 있다. 그러나 일본은 이곳에서 벌어진 강제징용의 역사를 제대로 기록하지 않았으며, 한국 정부가 이에 대해 강력한 입장을 표명하지 않은 것에 우려가 제기되었다.

과거사의 아픈 기억을 묻고 미래로 나아가자는 방식의 외교는 국민의 역사적 정체성을 흔들고 자존감을 약화시키는 위험한 길이다. 윤석열 정부는 일본과의 관계 개선을 추구하는 과정에서 역사적 책임을 명확히 요구하지 않고 타협하는 방식을 택했다. 진정한 화해와 협력의 길에도 단연 배치되는 행위다. 경제적 이익이나 안보협력도 중요하지만 외교는 국민이 자랑스럽게 여길 수 있는 역사적 정의를 실현하는 데 초점을 맞춰야 한다. 한일 관계 개선이 중요하더라도 그것이 국민의 자존감을 희생하는 방식으로 이루어져서는 안 된다.

외교에서의 용기는 평화를 만든다

군사력이나 경제력만으로 국익을 내세우고 지킬 수는 없다. 외교는 국가 간 협력을 통해 평화와 번영을 이루는 과정이다. 현대사회는 과거와 달리 전 세계가 복합적으로 연결되어 있으며, 이는 힘의 논리만으로는 국익을 지킬 수 없음을 의미한다. 국제 규범과 상식을 존중하는 협력외교가 중요해진 이유도 여기에 있다. 국제 규범의 핵심은 국가 간 문제 해결 방식으로 무력 사용을 지양하고, 상호 주권 존중의 원칙하에 공동의 이익을 최대화하는 것이다.

불이 난 극장을 다시 떠올려보자. 극장에서 불이 나는 최악의 상황을 방지하는 것이 가장 중요하지만, 불가피하게 위기 상황에 처했을 때 우리는 다양한 선택을 할 수 있다. 외교도 마찬가지다. 최악의 상황을 피하기 위해 다양한 선택을 통해 문제를 해결하는 과정이다. 무정부의 영역에서도 국가는 무력 사용보다 협력과 대화를 통해 분쟁을 해결하려고 노력한다. 전쟁을 막을 수 있는 힘도 결국 외교에서 나온다.

군사력이 아무리 강하더라도 군사력을 사용해야 하는 상황이 발생하면 외교는 실패한 것이다. 국방력은 최후의 방어선이지만, 그 방어선을 넘지 않도록 하는 것이 외교의 역할이다. 헌법과 같은 상위 규범이 없는 국제정치에서 외교는 국가 간 상호 존중과 협력을 이끌어내며 전쟁을 방지하는 중요한 역할을 수행한다.

국제사회에서 국익을 지키기 위한 최선의 방법은 외교적 협력이다. 무력으로 문제를 해결하는 것은 최악의 선택이며, 군사력보다는 외교력을 통해 평화로운 해법을 모색하는 것이 현명하다. 대한민국의 상황은 점점 더 복잡해지고 있다. 정부는 분단된 한반도의 위기를 관리해야 하고, 세계적으로 급등하는 물가와 경제 불안 속에서 국내 경제를 안정시켜야 하며, 동시에 국제사회에서 책임 있는 행위자로서 적극적으로 참여해야 한다. 이 과정에서 정부가 지켜야 할 첫 번째 가치는 헌법이 규정한 평화와 민주주의다. 이는 우리 외교의 핵심 목표로, 국민의 자존감과 국가의 정체성을 지키는 데 중요한 역할을 한다. 민주주의는 대한민국의 정체성인 것이다.

이제는 전 세계 어느 곳을 가든 대한민국의 존재감을 느낄 수 있다. 대한민국은 세계 무대에서 중요한 국가로 자리 잡았으며, 그 영향력은 외교를 통해 더욱 확장되고 있다. 대한민국의 위상을 유지하기 위해서는 외교에 대한 국민들의 관심이 필수적이다. 더 이상 외교는 전문가들의 영역이 아니다.

2부

용기와 외교

●

세계는 또다시 거대한 변혁의 소용돌이에 휩싸이고 있다. 편 가르기와 진영 나누기, 마치 냉전 시대로 돌아간 듯한 구도가 다시 등장했다. 과거 미국과 소련의 냉전이 이념을 중심으로 자본주의와 공산주의 간 이념 대립이었다면, 오늘날 미국과 중국의 신냉전은 기술, 경제, 안보를 중심으로 한 강대국 간 이익 경쟁이다. 그 어느 때보다 더 치열하고 복잡하게 얽힌 이 경쟁은 전 세계를 재편하며 새로운 질서를 만들어가고 있다.

전쟁이 발발한다, 사람이 죽는다

전 세계에 충격을 준 우크라이나 전쟁

2022년 2월, 전 세계는 러시아가 우크라이나를 침공하는 충격적인 장면을 목격했다. 과거의 유물처럼 여겨졌던 전쟁이 유럽 대륙에서 재현되었다. 평화와 번영을 상징하던 유럽 땅에서 대규모 전쟁이 벌어지자 사람들은 다시금 전쟁의 참혹함을 떠올리게 되었다. 이 충격은 군사 충돌 이상의 의미가 있었다. 전쟁을 직접 경험하지 못했던 유럽의 젊은 세대는 '현대사회에서 전쟁이 이렇게 쉽게 일어날 수 있단 말인가?' 하는 놀라움과 혼란에 휩싸였다. 우리는 인터넷과 소셜미디어를 통해 실시간으로 전해지는 폭격과 파괴의 영상을 보며, 전쟁이 일부 분쟁 지역이나 과거의 이야기가 아니라는 사실을 직시해야만 했다. 한편으로 우크라이나 전쟁이 제3차 세계대전으로 번질 수 있다는 불안이 마음속에 자리 잡았다. 유럽에서 전쟁이 다시 발발했다는 사실은 세계의 평화가 얼마나 위태로운지 절감하게 했다.

우크라이나 전쟁의 비극은 인명 피해나 군사적 충돌에서 끝나지 않는다. 시카고대학교의 존 미어샤이머[John J. Mearsheimer] 교수는 우크라이나 전쟁의 근본적인 원인을 "북대서양조약기구[NATO]의 동방 확장이 러시아의 안보를 위협했고, 이로 인해 전쟁이 발발했다"라고 분석한다.[22] 서방 세계가 러시아를 궁지로 몰아넣었고, 그 결과 러시아는 생존을 걸고 우크라이나를 침공할 수밖에 없었다는 것이다.

미어샤이머 교수의 주장에 강력히 반대하는 의견도 분명히 존재한다. 반대 입장에서는 러시아의 우크라이나 침공이 북대서양조약기구의 동방 확장에 대한 방어적 반응이 아니라 러시아 내부에서 비롯되었으며 푸틴 정권이 민주주의적 움직임과 서방 지향적 국가를 위험 요소로 본 것이 주요 요인이라고 했다. 특히 블라디미르 푸틴의 야망과 권위주의적 성향에서 비롯된 전쟁이라고 강조하면서 러시아의 제국주의적 욕망이 전쟁의 진정한 원인이라고 분석한다.[23]

이 전쟁은 냉전 이후 구축된 국제질서가 얼마나 취약한지를 여실히 드러낸 사건이었다. 2025년 초까지도 우크라이나 전쟁은 끝날 기미가 보이지 않는다. 우크라이나 전쟁으로 인해 약 12만 명에 달하는 우크라이나 군인들이 목숨을 잃었고, 약 17만 명에 이르는 군인들이 부상을 입었다.[24] 민간인 사망자는 9,000명에서 1만 5,000명에 달하며, 수많은 이들이 집과 가족을 잃고 고통 속에서 신음하고 있다. 전쟁이 불러온 파괴는 평범한 시민들의 온전한 일상을 송두리째 파괴했다.

러시아 미사일이 하늘을 가르며 떨어질 때마다 번영하던 도시와 마을은 순식간에 잿더미로 변했다. 마리우폴Mariupol, 바흐무트Bakhmut, 이르핀Irpin과 같은 이름은 이제 참혹한 파괴의 상징으로 남았다. 마리우폴은 끝없는 포격으로 도시 전체가 폐허가 되었고 생존자들은 지하에서 하루하루를 연명해야 했다. 바흐무트는 9개월간의 치열한 전투 끝에 완전히 파괴되었으며 그 과정에서 수천 명의 병사와 민간인이 희생되었다. 전투의 격렬함은 도시를 폐허로 만들었고 병사와 시민들의 피와 눈물이 흙 속에 스며들었다.

이르핀은 키이우Kyiv 근처의 도시로, 러시아군이 수도로 진격하는 것을 막는 중요한 전장이었다. 이 도시에서 벌어진 전투로 300명 이상의 민간인이 희생되었고, 수백 채의 주택과 기반 시설이 무너져내렸다. 한때 사람들로 북적이던 거리는 폭격으로 인해 사람도, 건물도 사라졌다. 남겨진 잔해 사이에서는 작은 희망조차 찾을 수 없다. 600만 명 이상의 우크라이나인이 난민이 되었으며 약 800만 명에 달하는 이들이 강제로 피난을 떠나야 했다. 이들은 피난처를 찾아 유럽과 세계 곳곳으로 흩어졌고, 잃어버린 고향과 가족의 흔적을 되찾기 위해 힘겹게 싸우고 있다.[25]

우크라이나 전쟁과 한반도의 안보 상황

전쟁의 파장은 한국에도 영향을 미쳤으며 한반도의 안보

환경 또한 불안해지고 있다. 러시아가 우크라이나를 침략한 이후 북한과 러시아는 포괄적·전략적 동반자 관계로 격상되었다. 남북 관계는 절단되었고 한러 관계는 절교 상태다. 2024년 10월에는 급기야 북한이 우크라이나 전쟁에 약 1,500명의 병력을 파병했다는 국가정보원의 발표가 있었다.

전쟁 발발 직후, 당시 문재인 정부는 서방의 대러 제재에 제한적으로 동참하면서도 러시아와의 관계를 완전히 끊을 수 없는 전략적 현실을 직시해야 했다. 이 선택은 우리의 경제 이익과 지역 안보 전략과도 깊이 얽혀 있었다.

한러 수교 이후 한국의 대러 정책의 핵심은 두 가지였다. 첫째, 북한과 러시아가 밀착하는 것을 방지해 한반도의 안보 지형을 안정적으로 유지할 것. 러시아가 북한이 아닌 한국과 전략적 소통과 협력을 강화하는 것이 한반도 평화에 도움이 된다고 판단했기 때문이다. 둘째, 시베리아 지역의 풍부한 자원을 활용해 경제협력을 강화할 것. 신북방정책에는 천연가스와 광물자원, 북극해 항로와 같은 요소들이 한러 경제협력의 중심에 자리 잡고 있었고 이를 통해 한국 경제의 다변화를 꾀하고자 했다.

우크라이나 전쟁이 발발한 이후에도 문재인 정부는 살상용 무기를 우크라이나에 제공하는 문제를 애초에 고려하지 않았다. 서방의 제재에 대해 일정한 지지 의사를 표현하되, 러시아와의 관계를 완전히 단절할 수 없는 복잡한 현실을 반영한 것이었다. 이는 러시아와 경제적 관계를 유지하려는 차원을 넘어 한반도 안보와 관련된 다층적 문제와도 깊이 연결되어 있었다.

그러나 윤석열 정부는 소위 "자유민주주의" 가치를 앞세우며 러시아를 전면적으로 비난하기 시작했다. 2023년 7월 15일, 윤석열 대통령의 키이우 방문은 비난 행보의 정점이었다. 윤석열 대통령은 우크라이나 키이우를 방문해 블라디미르 젤렌스키[Volodymyr Zelensky] 대통령과 회담을 가진 후, 공동 언론 발표에서 자유와 민주주의를 수호하겠다는 의지를 강조했다. 윤 대통령은 젤렌스키 대통령의 "대통령으로서 죽음을 겁낼 권리가 없다"는 말을 인용하며, "생즉사 사즉생의 정신으로 우리가 강력히 연대해 함께 싸워나간다면 분명 우리의 자유와 민주주의를 지켜낼 수 있을 것"이라고 밝혔다.[26]

윤석열 대통령의 우크라이나 방문과 연설은 국제사회와 국내에 엇갈린 반응을 불러일으켰다. 한편에서는 한국이 서방 진영의 일원으로서의 입지를 굳건히 하는 행보로 평가했지만, 다른 한편에서는 러시아와의 관계를 지나치게 악화시키는 무리한 접근이라는 비판이 제기되었다. 윤석열 대통령의 키이우 방문은 우크라이나를 지지하겠다는 명확한 메시지를 전했지만, 이로 인해 한국은 러시아와의 외교적 긴장이 고조되는 위험을 감수해야 했다.

윤석열 정부의 행보는 나아가 북한과 러시아 간의 밀착을 촉진하는 원인으로 작용했다. 러시아는 한국의 서방 편향적인 태도에 불쾌감을 드러내며 북한과의 군사적 협력을 강화했고, 한러 관계가 악화되면서 한국은 이를 막지 못했다. "생즉사 사즉생의 정신" 발언은 "자유민주주의"를 수호한다는 명분을 내세웠을지 몰라도, 그 뒤에 감춰진 복잡한 외교적 이해관계와 현실적인 문제를 충분히 고려하지 못한 채 외교를 어렵게 만들었다.

현재 러시아와 북한 간의 군사적 협력은 한반도에 새로운 변수로 등장했다. 2023년부터는 러시아가 북한에 대한 지원을 확대하고, 북한은 이에 호응해 군사훈련과 무기개발협력을 더욱 공고히 했다. 이러한 흐름은 북한 핵 문제를 더욱 해결하기 어려운 상태로 몰고 간다.

남북 관계는 그 어느 때보다 적대적으로 변했다. 북한의 잇따른 미사일 발사와 러시아의 묵인 속에 한반도의 긴장감은 높아졌으며 러시아와 북한이 상호 파병과 지원을 논의하는 단계까지 이르렀다. 만약 이 관계가 더욱 발전해 러시아와 북한 간 군사 동맹이 강화되고 군사 지원이 일상화된다면 한반도의 기존 안보 지형은 더 이상 존재하지 않게 될 것이다.

중동의 탄약고에서 발발한 또 다른 전쟁

2023년 9월, 팔레스타인의 무장 조직 하마스가 이스라엘을 기습 공격하며 전쟁이 시작되었다. 이 충돌은 역사적 분쟁과 종교적 갈등이 폭발한 결과다. 하마스는 2006년 총선에서 승리한 후 가자지구를 실질적으로 장악해 왔으며, 이스라엘과의 끊임없는 충돌 속에서 가자지구는 고립되었다. 하마스와 이스라엘의 충돌은 그동안 억눌려 있던 중동의 긴장을 폭발시켰고 그 여파는 중동 전역을 흔들고 있다.

가자지구의 피해 상황도 심각하다. 하마스가 운영하는 가자지구 보건부에 따르면, 전쟁 발발 이후 2024년 10월까지 약 4만 1,825명의 팔레스타인 주민이 사망하고 9만 6,910명이 부상을 입었다. 이 중 어린이 사망자는 1만 1,355명으로, 전체 사망자에서 25퍼센트 정도를 차지한다. 또한 가자지구 인구의 96퍼센트가 식량 위기에 처해 있으며, 49만 5,000명은 기아 상태에 있다. 가자지구의 물 공급량은 전쟁 전과 비교해 4분의 1 수준으로 감소했다.[27]

이스라엘과 이란은 본토 공격을 감행하기도 했다. 2024년 10월 1일, 이란은 이스라엘을 향해 약 180발의 탄도미사일을 발사했다. 이에 대응하여 10월 26일, 이스라엘은 이란의 테헤란, 후제스탄, 일람 등을 전투기와 무인기를 동원해 타격하는 대규모 작전을 개시했다. 이스라엘과 이란의 군사 충돌은 중동 전역의 불안정을 심화시키고 있으며, 또 다른 중동전쟁으로 확전될 가능성을 높이고 있다.

이스라엘은 레바논 남부의 무장 정파 헤즈볼라를 겨냥한 대규모 공습도 감행했다. 3주간의 공습으로 인해 레바논에서는 어린이 127명을 포함해 1,400명 이상의 사망자와 7,500명에 육박하는 부상자가 발생했다. 레바논 전체 인구의 5분의 1에 해당하는 100만 명 이상의 시민이 피란을 떠나야 했으며 이는 심각한 인도주의적 위기를 초래하고 있다.[28]

중동의 안정은 우리에게 매우 중요하다. 우리는 중동 지역에서 석유 자원의 70퍼센트 이상을 수입하고 있다. 이스라엘과 하마스 간의 전쟁은 중동의 에너지 수송로를 위협했고, 사실상 이란이 영향력을 행사하는 호르무즈해협에서의 위험은 원유 수급 등에 불안 요인으로 작용하고 있다. 이미 우크라이나 전쟁으로 인해 에너지 가격이 급등한 상황에서 중동의 불안정한 상황은 한국 경제에 또 다른 압박을 가하고 있다.

중동에서의 전쟁은 한국의 외교적 딜레마를 더욱 복잡하게 만들고 있다. 한국은 전통적으로 미국과 긴밀한 동맹 관계를 유지해 왔으며, 미국은 이스라엘을 강력히 지지하고 있다. 동시에 한국은 중동의 아랍 국가와도 경제적 협력을 유지하고 있다. 이렇게 복잡한 상황에서는 중동 문제에 더욱 신중을 기해야 한다. 아랍 국가와의 경제 관계를 해치지 않으면서 균형을 잡기가 결코 쉽지 않기 때문이다.

우크라이나 전쟁과 중동 전쟁은 국제 외교의 실패에서 비롯되었다. 사람들이 죽는다. 21세기에, 그것도 24년도 더 지난 최첨단의 시대에 말이다. 한국은 이 국제적 소용돌이를 어떻게 헤쳐갈 것인가? 두 전쟁은 한국 외교에 중요한 시험대가 되고 있다.

세계가 나뉜다

미국의 보호주의, 우리는 어떻게 행동해야 할까

세계는 또다시 거대한 변혁의 소용돌이에 휩싸이고 있다. 편 가르기와 진영 나누기, 마치 냉전 시대로 돌아간 듯한 구도가 다시 등장했다. 과거 미국과 소련의 냉전이 자본주의와 공산주의 간 이념 대립이었다면, 오늘날 미국과 중국의 신냉전은 기술, 경제, 안보를 중심으로 한 강대국 간 이익 경쟁이다. 그 어느 때보다 더 치열하고 복잡하게 얽힌 이 경쟁은 전 세계를 재편하며 새로운 질서를 만들어가고 있다.

과거 냉전 시대에 미국은 강대국으로 군림한 것 이상의 존재감을 드러냈다. 미국은 자유주의를 기반으로 자본주의 질서를 전파하며 동맹국에 시장을 개방하고 경제적 지원을 아끼지 않았다. 한국 역시 미국의 도움을 받아 급격한 경제 성장을 이룰 수 있었다. 1950년 6.25전쟁 당시 미국은 군사적 개입을 통해 한국을 방어했고 이후 재건과 성장 과정에서도 미국의 경제적·기술적 지원이 결정적 역할을 했다. 미국의 마셜 플랜Marshall Plan이 유럽을 재건한 것처럼, 우리도 미국의 경제적 원조와 기술 이전에 힘입어 빠르게 전쟁의 폐허에서 회복할 수 있었다.

한국의 수많은 인재가 미국으로 유학을 떠나 세계 최고 수준의 학문과 기술을 습득했고 그들은 한국으로 돌아와 한국 경제와 산업을 변화시키는 데 크게 기여했다. 미국은 군사적으로는 주한미군을 통해 북한의 위협을 억제하고, 경제적으로는 자유무역과 기술 이전을 통해 한국이 경제 강국으로 성장하는 발판을 마련해 주었다.

일본과의 관계 또한 주목할 만하다. 미국은 과거 진주만 공격과 원자폭탄 투하라는 비극적 전쟁사를 일본과 공유했음에도 일본을 재건하고 경제적 동맹으로 끌어들였다. 일본은 미국의 전략적 필요 속에서 경제 지원과 안보 협정의 수혜를 받았고 그 결과 세계 2위 경제 대국으로 부상했다. 이는 미국이 전략적 관점에서 동맹국을 선택하고 육성하는 방식을 보여주는 대표적인 사례라고 할 수 있다.

하지만 이제 미국의 관점은 과거와는 다른 양상을 보이고 있다. 과거에는 자유무역과 국제 협력을 통해 윈윈[Win-win] 관계를 구축하려는 노력을 기울였다면, 현재는 자국의 이익을 최우선으로 내세우며 보호주의적인 정책을 강화하고 있다. 이를 대표적으로 보여주는 사례가 인플레이션 감축법[IRA] 과 반도체 및 과학법[CHIPS and Science Act]이다. 모두 미국 내 산업을 보호하고 글로벌 공급망에서 미국의 위치를 강화하려는 목적을 지니고 있다. 특히 반도체와 관련한 법안들은 첨단 기술 분야에서 중국의 성장을 견제하기 위해 설계되었다.

미국의 정책 변화는 미국 내부의 경제적 재편을 넘어 글로벌 무역 체제와 국제관계 전반에 영향을 미치고 있다. 인플레이션 감축법은 미국의 전기차와 배터리 산업 생산을 촉진하고 친환경 산업을 육성하기 위해 고안된 법안이다.

특히 미국에서 제조된 배터리와 부품을 사용하는 전기차에만 세액을 공제하여 미국 내 전기차 생산을 활성화하려는 목적이 있다. 이에 따라 한국의 배터리 제조업체들은 조지아와 테네시 등지에 생산 공장을 세우거나 확대해 현지 생산 비중을 높이고, 현지 파트너십을 강화하며 대응 전략을 수정하고 있다.

반도체 및 과학법은 한국의 반도체 산업에 직접적인 영향을 미친다. 반도체는 21세기 기술 경쟁의 핵심으로, 미국은 반도체 법안을 통해 자국 내 반도체 생산 역량을 강화하고 글로벌 공급망에서의 영향력을 높이고자 한다. 이 법안은 520억 달러에 달하는 보조금과 세금 혜택을 제공해 미국 내 반도체 제조시설 건설을 장려하는 동시에 중국과의 기술 협력을 제한하고 있다. 이러한 정책은 미국의 기술 주권을 강화하고 중국의 첨단기술 접근을 차단하려는 전략의 일환이며 한국 기업에도 발 빠른 대처를 요구한다.

이에 따라 삼성전자와 SK하이닉스는 미국 내 생산 시설 확장을 추진하고 있다. 예를 들어 SK하이닉스는 인디애나 주에 약 38억 7,000만 달러를 투자하여 인공지능 메모리용

첨단 패키징 생산기지를 건설할 계획이다. 미국 정부는 SK하이닉스에 약 4억 5,800만 달러의 보조금과 최대 5억 달러의 저리 대출을 지원하기로 했다. 그러나 미국의 지원을 받는 대가로 SK하이닉스에는 향후 10년간 중국 내 반도체 생산 능력을 5퍼센트 이상 확장하지 못한다는 내용의 제한이 부과된다.[29] 이는 중국에 대규모 생산 시설을 보유한 삼성전자와 SK하이닉스에 큰 부담으로 작용하고 있다.

반도체 및 과학법이 제공하는 막대한 보조금과 세제 혜택은 매력적이다. 그러나 중국 내 생산 능력 확대를 제한하는 조건과 맞물려 기업의 전략을 더욱 복잡하게 하고 있다. 한국 기업은 미국의 압박 속에서 중국 시장의 의존도를 줄이기 위해 새로운 시장을 개척하거나 기술 경쟁력을 높여야 하는 상황이지만, 중국이 여전히 세계 최대의 반도체 소비 시장이기 때문에 이들과의 관계를 완전히 단절할 수 없는 딜레마가 지속되고 있다.

삼성전자와 SK하이닉스는 중국 고객에게 지속적으로 제품을 공급하면서 동시에 미국의 정책에 반하지 않는 경로를 모색해야 한다. 생산 시설을 운영하는 문제뿐 아니라 글로벌 반도체 공급망의 안정을 유지하고 불필요한 갈등을 최대한 줄여야 한다. 우리나라 정부의 섬세한 외교 지원도 필수적이다. 글로벌 기술 패권 경쟁에서 국가의 이익을 지키는 수호자 역할은 정부가 수행해야 한다.[30]

갈라지는 세계, 재편되는 질서

안보협력체 쿼드QUAD와 새로운 군사 동맹 오커스AUKUS는 미국의 인도-태평양 전략을 강화하고 이 지역에서 중국의 영향력을 견제하는 중요한 수단이다. 쿼드는 미국, 일본, 호주, 인도 네 나라가 참여하는 안보협력체로, 공식적으로는 민주주의 가치와 법치주의를 기반으로 지역 안보와 번영을 목표로 하고 있다. 실제로는 중국의 경제적·군사적 영향력 확대를 억제하기 위한 전략적 협력 체제라는 평가를 받고 있다. 이 협력체는 군사훈련과 해상 안보협력을 통해 중국의 남중국해 진출을 견제하며, 인도-태평양 지역에서의 자유로운 항해와 법치 질서를 강조하고 있다. 쿼드는 2007년에 처음 제안되었으나 이후 한동안 주춤하다가 중국의 팽창과 맞물려 미국의 전략적 초점이 아시아로 이동하면서 다시 활성화되었다.

오커스는 미국, 영국, 호주가 참여하는 새로운 군사 동맹이다. 특히 호주의 핵잠수함 도입을 지원하는 데 중점을 두고 있다. 호주가 미국과 영국의 기술 지원을 받아 핵잠수함을 도입하는 것을 허용한 이유는 중국의 해양 패권을 견제하기 위해서라고 해석된다. 호주는 오커스를 통해 미국과 영국의 첨단기술, 특히 인공지능, 사이버 보안, 해양 감시 등의 분야에서 기술협력을 강화하게 되었다. 이는 호주가 인도-태평양 전략의 중요한 축으로 자리 잡는 계기가 되었다. 중국이 오커스를 강하게 비난하는 이유다.

쿼드, 오커스, 그리고 미국 내 첨단산업 관련 법안은 모두 중국의 영향력을 억제하고 인도-태평양 지역에서 미국의 주도권을 강화하려는 전략이다. 미국은 동맹국과의 협력을 통해 군사적·경제적 균형을 조정하고 첨단기술 분야에서 우위를 지키기 위해 노력하고 있다. 이런 노력이 우리나라에도 여러 외교적 함의를 가지는 만큼, 미중 갈등의 틈바

구니에서 우리의 이익을 유지할 수 있는 균형된 외교 전략이 필요하다.

중국은 어떻게 대응하고 있을까? 중국은 미국의 견제에 맞서 일대일로^{One Belt, One Road} 정책을 내세워 유라시아 대륙과 아프리카, 남미에 이르는 광범위한 경제적 네트워크를 구축하고 있다. 중국을 중심으로 한 새로운 경제 질서를 만들려는 시도로, 인프라 프로젝트와 무역로를 통해 유라시아 및 글로벌 공급망에서 중요한 역할을 맡고자 하는 전략이다. 일대일로는 중국이 개발도상국에 대규모 인프라 투자를 제공해 그들과의 경제적·정치적 관계를 강화하는 방식으로 진행되고 있다. 미국의 영향력이 미치지 않는 지역에서 경제적 영향력을 확대하여 경제적 이익과 글로벌 리더십을 강화하는 것이다.

또한 중국은 상하이협력기구^{SCO}와 브릭스^{BRICS} 같은 국제기구를 통해 러시아, 인도, 남아프리카공화국 등과 연대하며 미국의 경제적 제재에 대응하고 있다. 2001년 창설된 상하이협력기구는 중국과 러시아를 중심으로 중아시아 국가들의 경제협력을 강화하는 것이 목적이었다. 그러나 최근 몇 년 동안 이 기구는 단순한 경제협력을 넘어 정치적 연대로 확대되었다. 2023년에는 이란이 회원국으로 가입하면서 중국과 러시아가 중동 지역에서 영향력을 확대하고자 했다. 이 과정에서 상하이협력기구는 미국과 서방 세계의 제재에 대응하는 대안으로의 역할을 강화하고 있다. 상하이협력기구의 회원국은 공동 군사훈련과 안보협력을 통해 지역 내 중국의 주도권을 강화하는 동시에 미국 주도의 국제질서에 맞서는 정치적 연대를 다지고 있다.

브릭스는 브라질, 러시아, 인도, 중국, 남아프리카공화국으로 구성된 신흥 경제협력체다. 2023년 브릭스 정상회의에서 사우디아라비아, 이란, 아르헨티나 등 6개국이 합류하면서 이들의 영향력은 더욱 확대되었다. 브릭스 회원국은 미국 달러 중심 금융 시스템에 맞서 달러 의존도를 줄이고, 대체 결제 시스템과 금융 메커니즘을 개발하기 위해 움직이고 있다. 이는 미국의 경제제재에 대응할 수 있는 협력 구조를 마련하기 위함으로 중국과 러시아는 경제적 제재와 무역 압박에 대한 방어력을 더욱 강화하고 있다.

지금까지의 대응을 보면 중국은 미국의 인도-태평양 전

략에 맞서 새로운 진영을 구축하려고 시도하는 것으로 보인다. 일대일로 정책은 경제적 영향력을 확대하고, 브릭스와 상하이협력기구를 통해서는 정치적 연대를 강화하며 미국 주도 패권 질서에 도전장을 내밀고 있다. 이러한 중국의 행보는 글로벌 경제와 안보 구조에 중요한 변화를 일으키고 미중 간의 경쟁 구도를 한층 더 복잡하게 만들고 있다.

독자적인 외교 전략이 필요한 한국

전 세계가 다시 두 개의 진영으로 나뉘는 모습을 보면서 우리는 당연히 묻게 된다. 우리나라는 어떻게 해야 할까. 과거 냉전 시기에는 미국이라는 강력한 후원자를 바라보았지만 지금은 더 복합적으로 사고해야 한다. 미국과의 동맹은 여전히 한국 안보의 핵심이다. 동시에 중국은 한국의 가장 큰 교역 상대국이며 이웃 국가다. 한반도를 둘러싼 국제 정세 또한 긴박하게 돌아가고 있다. 미국과 일본, 한국이 한미일 협력을 강화하며 북한을 압박하는 동안 북한은 러시아와 관계를 공고히 하며 대립각을 세우고 있다. 북한은 핵무기를 앞세워 군사적 존재감을 과시하며 한반도에 불안을 키우고 있다.

과거 냉전 시대와는 다르게 이번에는 경제적 이득과 기술 역량이 국가의 번영을 좌우하고 있다. 이런 상황에서 한국은 한미동맹에만 의존해서는 안 될 것이다. 미국의 보호 아래 경제와 안보를 유지했던 과거와 달리 이제는 우리의 이익을 극대화할 수 있는 실용적인 외교 전략이 필요하다. 쉽지 않은 도전이지만, 전 세계가 다시 편 가르기를 하는 이 시점에 한국 또한 신중한 선택을 해야 하는 순간에 와 있다.

한국은 미국과 중국에 대한 무역 의존도를 낮추고 경제적 자립성을 강화하기 위해 외교 방향에 다양한 변화를 주어야 한다. 동남아시아와 중앙아시아 국가들과는 전략적 협력을 강화하고, 중남미 국가들과의 경제적 협력을 확대하여 글로벌시장에서의 기회를 더욱 넓혀야 한다.

동남아시아는 제2의 수출 시장이자 글로벌 가치사슬에서 핵심적인 역할을 하는 지역이다. 중앙아시아는 자원 부국으로 에너지와 광물자원의 안정적 공급처로 주목받고 있다. 중남미 지역은 풍부한 천연자원과 성장 잠재력을 보유한 시장으로, 한국 기업에 새로운 기회를 제공할 수 있다. 동남아시아국가연합ASEAN 및 중앙아시아 국가들과는 인프라 개발, 디지털 전환, 에너지 협력 등 다양한 분야에서 협력을 추진하여 상호의존적 관계를 강화하고, 중남미 국가들과는 자원 개발, 친환경 산업, 농업 기술 교류 등 경제적 연대를 공고히 함으로써 한국의 경제시장을 다각화해야 한다.

다양한 시장에서 한국의 입지를 강화한다면 수출 다각화뿐 아니라 한국 경제의 안정성과 지속 가능성을 높이는 데 기여할 수 있다. 미국이나 중국의 경제적 위기가 한국의 주요 산업에 미치는 영향을 최소화하고, 새로운 산업 분야에서 선도 국가로 자리 잡는 데도 도움이 될 것이다.

극단적 이념이 등장한다

전 세계를 휩쓰는 극우 정치

양극화는 이제 세계적인 현상이 되었다. 프랑스, 독일, 이탈리아, 미국에서도 극우 정치 세력이 급부상하고 있으며 이들의 목소리는 점점 더 커지고 있다. 이들이 내세우는 가치는 단순하지만 강렬하다. "우리가 먼저"라는 슬로건 아래 자국의 불안과 위기의 원인을 외부로 돌리고 복잡한 문제를 단순한 해결책으로 포장한다. 이러한 움직임은 과거의 어두운 역사를 되풀이할 위험을 안고 있기에 결코 가볍게 넘길 수 없는 문제다.

프랑스에서는 마린 르 펜^{Marine Le Pen}이 이끄는 극우 정당 국민연합^{Rassemblement National, RN}이 경제적 불평등, 이민 등 사회적 갈등 문제를 토양으로 대중의 불안과 분노를 자극하며 지지를 모았다. 2022년 프랑스 대선 결선 투표에서 르 펜은 약 41.5퍼센트의 득표율을 기록했다. 이는 2017년 대선 당시의 득표율인 33.9퍼센트에서 크게 상승한 수치로, 르 펜의 극우 메시지가 프랑스 유권자들에게 더 널리 수용되고 있음을 보여준다.

2024년 총선에서 국민연합은 24.6퍼센트의 득표율로 142석을 차지하며 의석수가 크게 증가했다. 그러나 결선 투표에서 좌파 연합인 신인민전선^{Nouveau Front populaire, NFP}과 에마뉘엘 마크롱^{Emmanuel Macron} 대통령의 중도 연합 앙상블^{Ensemble}이 국민연합을 견제하면서 의회 내 과반수를 차지하지는 못했다.

프랑스의 정치적 양상은 이들의 사회적 갈등과 이념적 대립이 정치 지형을 복잡하게 만들고 있음을 보여준다. 극우 정당의 부상은 프랑스 내 심화된 경제적 불평등과 이민 문제 등이 중요한 정치적 쟁점으로 자리 잡았음을 나타낸다.

독일에서도 정치적 양극화가 심화되고 있다. 제2차 세계 대전 이후 독일은 민주주의와 인권의 상징으로 자리 잡았지만 최근 극우 정당인 독일을위한대안Alternative für Deutschland, AfD의 부상이 두드러진다. 2023년 독일 지방선거에서는 이들이 일부 지역에서 30퍼센트 이상의 득표율을 기록하며 선전했다. 이민 문제, 경제적 불안 그리고 반EU 정서 등의 요인이 대중의 불만을 자극한 결과다. 독일을위한대안이 성장하자 독일 정치에서는 전통적 보수 정당과 진보 정당의 입지가 약해지고 정치적 분열이 불거지고 있다.

이탈리아 역시 오랜 기간 정치적 불안정이 지속되었으나 최근 몇 년간 극우 정치 세력이 급격히 세를 불리며 혼란을 더욱 가중시키고 있다. 조르자 멜로니Giorgia Meloni가 이끄는 극우 정당 이탈리아형제당Fratelli d'Italia, Fdl은 2022년 총선에서 26퍼센트 이상의 득표율로 승리하며 연립 정부를 구성했다. 이탈리아의 정치적 양극화는 이탈리아 사회 전반에도 큰 영향을 미치고 있다.

유럽 전역에서 일어나고 있는 극우의 부상은 전반적으로 이민 문제와 경제적 불평등이 주요 정치 쟁점으로 부각됨에 따라 나타난 현상으로 볼 수 있다. 미국은 어떨까. 트럼프 대통령의 재선은 정치적 사건 이상의 의미를 지닌다. 그는 미국우선주의America First를 내세워 강력한 보호주의 경제 정책과 배타적인 이민 정책을 추진할 것이다. 트럼프의 귀환은 미국 정치 지형의 변화뿐만 아니라 전 세계적인 극우 정치의 부상과 영향력을 보여주는 사건이라 할 수 있다.

특히 트럼프의 재선은 국제질서와 다자주의 협력 체계를 크게 흔들 가능성을 내포하고 있다. 트럼프의 정책 기조는 기존의 자유주의 국제질서에서 벗어나 미국의 단기적인 이익에 초점을 맞춘 일방주의적 접근을 강화할 것이다. 더욱이 트럼프의 정치적 성공은 다른 국가의 극우 정당과 정치인에게도 중요한 동력을 제공할 수 있다. 이는 전 세계에 민족주의적이고 배타적인 정치 담론을 강화하고 민주주의의 위기를 심화시킬 가능성을 높인다. 이러한 흐름이 지속될 경우 각국에서는 자국 중심의 정책을 강화하면서 국제적 협력보다는 갈등과 대립의 구도로 나아갈 위험도 있다.

역사는 우리에게 경고한다

극우 정치의 부상은 결코 우연이 아니다. 세계화와 기술 발전의 가속화는 경제적 불안과 불평등을 더욱 두드러지게 만들었다. 자동화와 디지털화로 인해 전통적인 일자리가 줄어들고 글로벌 공급망의 변화는 지역 경제에 충격을 주었다. 이민자와 난민의 유입은 많은 사람이 자신들의 문화적 정체성과 안전에 위협을 느끼게 만들었다.

극우 정치인들은 시민의 불안과 공포를 공략하여 단순하고 강력한 메시지를 던진다. 그들은 "문제는 외부에 있다"라고 말하며 국경을 닫고 자국민만을 보호하자고 주장한다. 이 메시지가 매력적으로 들릴지 모르지만, 그 이면에는 외교적 고립과 국가 간의 불신이 도사리고 있으며 결과적으로 무역과 국제 협력을 약화시키고 국가 간 갈등을 초래할 수 있다. 역사적으로도 외교적 고립은 종종 전쟁과 같은 심각한 결과로 이어졌다. 이는 극우 정치가 국제사회에도 심각한 영향을 미칠 수 있음을 보여준다.

역사는 분명히 경고하고 있다. 1930년대 유럽은 경제적 불안과 사회적 불만이 고조되면서 극우 정치가 부상한 시기였다. 독일에서는 나치즘이, 이탈리아에서는 파시즘이 강력한 지지를 얻었고 결국 전 세계를 파괴적인 전쟁의 길로 몰아넣었다. 나치 독일의 반유대주의와 제국주의적 야망, 이탈리아의 민족주의와 전체주의는 제2차 세계대전을 촉발시켰고 그 결과 수천만 명이 생명을 잃었으며 유럽 대륙은 초토화되었다. 세계대전의 참혹은 지금도 전 세계가 기억하는 역사적 비극이다.

오늘날의 극우 정치와 과거를 완전히 동일시할 수는 없지만, 두 양상 모두 경제적 불안과 사회적 불만이 배경이었다는 점은 부정할 수 없다. 지금도 많은 시민이 경제적 어려움 속에서 불안을 느끼고 있으며 이민자와 난민 문제를 둘러싼 사회적 갈등이 정치적 극단화를 부추기고 있다. 우리가 경계해야 할 것은 역사의 반복이다. 1930년대 유럽이 극우 정치의 대가로 치러야 했던 참혹한 결과를 기억하며 현재의 정치 상황을 보다 신중하게 바라봐야 한다.

이제는 이념적인 대립에서 벗어나 현실적으로 문제를 해결해야 하는 시대다. 경제적 불평등, 기후 변화, 그리고 이민 문제와 같은 복합적인 도전에 대응하기 위해서는 단순한 구호나 배타적 정책으로는 한계가 있다. 신중한 접근이 필요하며, 글로벌 거버넌스가 중요한 역할을 해야 한다. 이러한 협력외교만이 갈등을 줄이고 더 나은 세계를 만들어 갈 수 있는 열쇠가 될 것이다.

지금 세계는 위험한 갈림길에 서 있다. 극단적인 정치와 편협한 외교는 필연적으로 갈등을 증폭시키며, 그 끝에는 피할 수 없는 충돌이 기다리고 있다. 우리는 역사의 교훈을 잊어서는 안 된다. 한번 불길에 휩싸인 세계는 쉽게 회복되지 않는다. 협력과 신중함을 바탕으로 한 외교를 선택할 것인가, 아니면 극단적인 정책과 고립으로 다시 한번 파국으로 향할 것인가. 우리는 과거의 실수를 되풀이해선 안 된다. 그것이야말로 우리의 미래를 지키는 유일한 길이며, 이 시대의 지도자들이 짊어져야 할 막중한 책임이다.

외교에는 용기가 필요하다

용기의 의미

외교가 무너지면 전쟁이 일어난다. 한반도는 아직 휴전 중인 상태로 그 안에서 생활하는 우리에게는 크게 와닿지 않을지라도 전 세계는 종종 우리나라를 위험한 나라로 인식하곤 한다.

북한의 미사일 발사와 같은 군사적 행위는 너무도 익숙해져서 우리는 전쟁의 위험을 크게 걱정하지 않지만 그 위협은 여전히 존재하고 있다. 북한의 핵 개발은 한반도를 끊임없이 불안정하게 만들고 러시아와 북한의 협력은 새로운 위험 요소가 되었다. 게다가 우리는 미중 갈등의 전면에 서서 어떻게 우리의 이익을 최대화할지를 고민해야 한다. 이런 상황에서는 외교의 중요성을 그 어느 때보다 절실하게 느끼게 된다. 평화를 유지하고 전쟁을 피하는 가장 중요한 도구가 외교이기 때문이다.

외교를 뜻하는 디플로머시Diplomacy는 고대 그리스어 디플로마Diploma에서 유래했다. 디플로마는 '접어 포개진 문서'를 의미하며, 이는 전령이 적진을 자유롭게 넘나들 수 있도록 허가한 일종의 통행증이었다. 외교란 곧 대화를 위한 통행증이며, 적대적인 상황에서도 적의 땅에 들어가 협상의 기회를 마련하는 과정이다. 이는 갈등을 조정하고 문제를 해결할 수 있는 중요한 도구로 작용한다.[32]

동양에서도 서양과 유사한 개념으로 외교의 본질을 이해했다. 예를 들어 중국의 고대 조공 체제는 주변국이 중국에 예를 갖추면 그 대가로 무역과 보호를 허락하는 방식이었다. 이를 통해 중국은 주변국과의 조화를 유지하며 외교적 질서를 형성했다. 조선은 교린交隣 외교, 즉 이웃과 평화롭게 지내는 정책을 통해 명나라와 청나라와의 관계 속에서도 협상과 대화를 이어갔다. 이는 평화를 유지하면서도 자국의 이익을 지키기 위한 실질적 외교 전략이었다.[33]

동서양의 외교 전통 모두 대화를 통한 갈등 해소와 실리 추구를 강조했다. 이는 오늘날의 복잡한 국제 정세에서도 여전히 유효하다. 적대적인 관계에서도 대화의 창구를 열어 문제를 해결하고, 국제사회의 안정과 협력을 도모하는 것이 외교의 역할이다. 전쟁과 평화의 갈림길에서 외교는 대립과 충돌을 피하고 평화를 유지하는 가장 강력한 수단이다. 이는 과거와 현재를 막론하고 국가의 생존과 번영을 위해 필수적인 전략으로 자리 잡고 있다.

주권 국가 간의 관계를 조정하고 갈등을 해소하는 과정에서는 타협과 협상이 필요하다. '코디네이션Coordination'이라는 단어가 이를 잘 설명해 준다. 서로 다른 이해관계를 가진 국가들이 협상을 통해 이익을 조정하는 과정에서 양보와 타협은 필수적이다. 내가 원하는 것과 상대방이 원하는 것이 충돌할 때, 우리는 협상을 통해 서로의 입장을 좁혀나가야 한다. 이 과정에서 때로는 양보가 필요하며, 때로는 더 큰 이익을 위해 현재의 이익을 포기하는 결단이 요구된다.

"외교는 용기 없이는 불가능하다."

미국 국무부 부장관 웬디 셔먼[Wendy Sherman]에게 직접 들은 인상 깊은 표현이다. 그녀의 저서에서 언급된 바와 같이, 외교에서 용기는 단순한 미덕이 아니라 필수 덕목이다.[34]

셔먼 부장관은 1948년생으로, 나와의 인연은 그가 민간인 신분으로 활동하던 시절로 거슬러 올라간다. 우리의 첫 만남은 2019년 미국 콜로라도의 아스펜 안보 포럼[Aspen Security Forum]에서 이루어졌다. 그곳에서 우리는 차담을 나누며 서로의 견해를 길게 공유했다.

이후 나는 우리나라의 외교부 1차관으로 임명되었고, 셔먼은 바이든 행정부에서 국무부 부장관으로 임명되어 다시 만났다. 서로 다른 위치에서 활동하던 우리가 다시 협력하게 된 것은 매우 뜻깊은 일이었다. 셔먼 부장관은 항상 국익을 지키기 위한 '용기[Courage]'의 중요성을 강조했다. 그녀는 나를 진지한 파트너로 대했고 나 역시 그녀의 경험과 통찰을 존중하며 양국이 공동으로 직면한 외교 문제에 대한 해결책을 모색했다.

우리가 협의한 주제는 한반도 문제, 중남미 정책, 이란 핵 협상, 미얀마 쿠데타, 그리고 우크라이나 전쟁과 같은 국제 사회의 중요한 문제들이었다. 셔먼 부장관은 한결같이 원칙을 고수하면서도 유연하게 문제를 해결하려는 자세를 보여주었고, 내가 지키고자 했던 원칙과 이익을 존중하였다. 셔먼 부장관과의 협력을 통해 외교에서 용기의 의미가 단순한 담론이 아니라 실제 행동으로 이어져야 한다는 것을 배울 수 있었다. 또한 외교가 단순한 기술적 과정이 아니라 인간적 신뢰와 용기를 바탕으로 하는 작업임을 다시금 깨닫게 되었다.

외교의 본질은 대화의 기술에 국한되지 않는다. 때로는 어려운 결정을 내릴 수 있는 용기가 필요하다. 외교관들은 상대와 마주 앉아 대화하고 협상하는 데 필요한 정신적 강인함과 용기를 갖춰야 한다. 이는 전쟁을 방지하거나 인질 석방을 협상하거나 경제적 이익을 지키기 위한 고도의 전략적 행위다. 특히 적대적인 상대와의 협상은 외교에서 가장 어려운 면 중 하나다. 외교관들은 국가의 자존감과 국익을 지켜내면서도 협상의 끈을 놓지 않고 상호 간의 이익을 조정해야 하는 과제를 떠안는다. 이러한 과정에서 요구되는 것이 바로 용기다.

용기란 감정적 결단이나 즉흥적인 행동으로 생기지 않는다. 그것은 전략적 사고와 강한 의지, 그리고 실패의 가능성에도 불구하고 대화를 이어가려는 태도에서 비롯된다. 상대방이 적일 때조차도, 그 적대감 속에서도 대화를 포기하지 않는 자세는 외교의 성공을 결정하는 핵심 요소다. 이는 대화의 장을 열고자 하는 강한 의지에서 비롯되며, 이러한 의지가 없는 외교는 실패할 수밖에 없다.

결국 외교는 전쟁보다 더 어려운 과제다. 전쟁은 물리적 수단으로 상대를 제압하려는 행동이지만, 외교는 대화를 통해 상호 이해와 타협을 이끌어내는 과정이다. 이는 단순한 기술적 협상이 아니라 국익과 국가의 자존감을 담보로 한 치열한 심리적 전술이자 전략적 싸움이다.

역사와 평화를 잇는 외교

병자호란 당시, 이조판서 최명길은 명나라의 쇠퇴와 청나라의 부상이라는 동아시아 국제질서의 거대한 변화 속에서, 조선의 존속을 위해 냉철하고도 현실적인 결단을 내린 사람이다.[35] 청나라의 강력한 기마 부대가 한양을 향해 돌진할 때, 최명길은 홀로 청군의 본진으로 나아가 그들의 남진을 막으려 했다. 당시 조정에서는 청을 오랑캐라 멸시하며 맞서 싸우기를 주창했지만 막상 청군 앞에 나설 용기를 가진 이는 아무도 없었다. 최명길 덕에 인조와 신하들은 남한산성으로 피신할 시간을 벌 수 있었다.

병자호란 당시 최명길은 조선을 대표해 청나라와의 협상에 나섰다. 그의 선택은 척화파의 거센 비난과 조롱을 받았고 심지어 "굴욕적인 화친"이라며 매도당하기도 했다. 척화파는 "명나라와의 의리를 끝까지 지켜야 한다"고 주장하며 청나라와의 협상을 반대했지만, 최명길은 조선의 존속과 생존이 무엇보다 중요하다는 신념을 끝까지 지켰다. 그는 청나라와의 화친이 치욕으로 남을 수 있음을 알았지만, 순간의 명예보다는 국가의 생존을 선택해야 한다는 판단을 굽히지 않았다.[36]

최명길의 태도는 외교의 본질이 실용과 합리성에 기반한

다는 점을 잘 보여준다. 외교는 이상만을 좇지 않는다. 오히려 냉혹한 현실에서 국가의 생존과 이익을 극대화하기 위한 결단의 연속이다. 최명길의 선택은 당시의 정치적·도덕적 기준으로는 비판받을 수 있었으나, 조선을 국가로서 지속시키기 위한 필연적 결정이었다.

최명길은 순간의 치욕을 감수하며 조선을 구하는 길을 열었다.[37] 그의 용기와 실용주의는 외교가 도덕적 이상이나 의리만으로는 성취될 수 없음을 보여준다. 때로는 자존심을 내려놓고 실질적 이익을 추구해야 할 때가 있다. 그의 결단은 오늘날 외교에서도 여전히 유효한 교훈을 제공한다.

현대 외교 협상에서도 최명길처럼 용기와 결단을 보여준 인물들을 발견할 수 있다. 국제사회의 복잡한 갈등과 대립 속에서 이들은 국가와 세계의 평화를 위해 어렵고도 중요한 결정을 내렸다.

북아일랜드평화협정Good Friday Agreement을 이끈 조너선 파월 Jonathan Powell은 영국의 토니 블레어Tony Blair 총리의 비서실장으로서, 오랜 세월 지속된 북아일랜드 분쟁을 해결하기 위해 아일랜드공화국군IRA과의 대화라는 정치적으로 민감한 결정을 주도했다. 파월은 반대와 위협 속에서도 협상의 끈을 놓지 않으며, 대화가 평화의 시작이라는 신념을 지켰다. 2024년 11월, 키어 스타머^{Kier Starmer} 영국 총리가 그를 국가안보보좌관으로 선임하였다.

북한과의 비핵화 협상을 이끈 스티븐 비건^{Stephen Biegun}은 미국 국무부 부장관이자 대북특별대표로서 한반도 평화 구축을 위해 북한과의 협상을 진행했다. 비건은 양측의 입장 차이와 복잡한 국제정치적 현실을 고려하면서도 북한과의 대화를 이어가며, 실질적 진전을 이루고자 노력하는 용기를 보여주었다.

이란 핵 합의를 끝까지 성사시킨 이란의 압바스 아락치는 국제사회의 강력한 제재와 내부의 비판 속에서도 협상에 전념했다. 그의 미국 측 파트너였던 웬디 셔먼은 오랜 협상 과정에서 수많은 어려움을 극복하며 국제적 합의를 이끌어냈다. 이란 핵 합의의 재건을 위해 현재까지도 노력하고 있는 로버트 말리^{Robert Malley}와 유럽연합 외교부 차관 엔리케 모라^{Enrique Mora} 역시 극단적인 입장 차이를 좁히기 위해 끊임없이 대화를 이어가고 있다.

한반도 평화 프로세스를 주도한 정의용 안보실장과 서훈 국정원장은 2018년 남북정상회담과 북미정상회담을 성사시키는 데 결정적 역할을 했다. 남북 간 극심한 긴장 상태와 국제사회의 복잡한 이해관계 속에서도 이들은 대화와 타협을 통해 평화의 가능성을 열었다.

이들의 공통점은 갈등의 한가운데에서도 대화를 포기하지 않았다는 점이다. 적대와 불신이 지배하는 상황에서도 이들은 상대와 마주 앉아 의견을 나누고 타협의 길을 모색하며 국가와 세계 평화를 위한 결정을 내렸다. 이는 갈등의 복잡성을 이해하고 이를 해결하기 위한 전략적 사고와 인내, 그리고 높은 수준의 책임감을 필요로 하는 일이다.

이들의 행동은 외교의 본질을 잘 드러낸다. 외교란 이상과 현실 사이에서 끊임없이 균형을 맞추는 과정이다. 한편으로는 국가의 가치를 지키고자 하는 이상을 실현해야 하며, 다른 한편으로는 냉혹한 현실에서 실질적 성과를 도출해야 한다. 때로는 이런 과정에서 비판을 감수해야 하고, 어떤 경우에는 자신의 명예와 평판까지 걸어야 하는 어려운 선택도 요구된다.

이들이 보여준 것은 평화를 향한 추상적 의지가 아니라, 평화를 실현하기 위한 실질적 행동과 결단이었다. 대화의 장을 여는 것은 현실 속에서 타협과 조정을 통해 미래를 만들어가는 전략가가 필요하다는 점을 상기시킨다. 오늘날 복잡한 국제질서 속에서 협상가들의 노력은 외교의 중요성을 다시 한번 강조하며, 외교관의 역할이 국가를 대표하는 데 그치지 않고 평화를 설계하고 이끌어나가고 있음을 보여준다.

협상가들은 책임감과 역사의식을 지니고 명확한 목표 의식과 차분한 감정을 유지하며 협상에 임했다. 그들에게 협상은 나라의 운명을 좌우할 수 있는 치열한 전장이었다. 최명길의 결단이 그랬던 것처럼, 오늘날의 외교 협상가들도 끊임없이 대화의 문을 열고 그 문이 닫히지 않도록 지키는 이들이다.

중국의 부상 이후, 한국의 외교는 초강대국 사이에서 균형을 유지해야 하는 도전적인 상황에 놓여 있다. 이는 조선의 문관 최명길이 청과의 타협을 통해 나라를 지켰던 상황과 유사한 면이 있다. 현실적인 상황을 직시하고, 긴장된 관계 속에서도 외교적 균형을 유지하는 용기와 지혜가 요구되는 시점이다. 최명길이 보여준 실리 외교의 교훈은 오늘날에도 여전히 유효하다.

외교는 대화와 협상을 통해 전쟁을 방지하는 가장 강력한 도구이며, 그 중심에는 용기가 있다. 적대적인 상대와 마주하며 대화를 이어나가는 용기, 동맹국에게도 우리의 국익 범위를 명확히 밝힐 수 있는 용기가 있어야 한다. 국가의 이익을 지키려는 결단, 그리고 미래를 내다보며 평화를 유지하려는 강한 의지 없이 외교란 불가능하다.

평화와 국익은 그냥 주어지는 것이 아니다. 끊임없는 노력과 결단 속에서 이루어지는 고된 과정이다. 이를 통해 비극적인 전쟁의 위협을 막을 수 있다. 평화가 깨지는 것은 참으로 안타까운 일이다. 평화가 모든 것을 의미하지는 않지만, 평화가 무너지는 순간 우리의 일상과 삶의 터전이 위협받게 된다. 만약 한국의 평화가 깨진다면, 서울도 우크라이나의 키이우나 팔레스타인의 가자 지구처럼 전쟁의 한복판으로 변할 수 있다. 우리의 일상은 파괴될 것이다. 이러한 비극을 막는 것이 바로 외교의 역할이다. 외교는 전쟁을 피할 수 있는 유일한 해결책이다. 결국 평화는 국가의 역량과 국민의 지지, 용기 있는 외교를 통해 한 걸음씩 나아가는 노력의 산물이다.

평화로운 방법으로 평화를 만드는 외교

조너선 파월의 용기

외교는 끊임없이 진전과 퇴보를 반복하는 과정이다. 언론을 통해 전해지는 뉴스나 한반도를 둘러싼 동향을 살펴보면 군사력의 증강, 전투기와 전차의 배치, 그리고 전쟁에서 희생된 사람들의 소식이 자주 보인다. 중동과 유럽의 갈등으로 많은 이가 목숨을 잃고 다치면서 외교의 역할이 점점 축소되고 있다. 이러한 상황은 첨단기술의 시대를 살고 있는 우리에게 큰 역설을 안겨준다.

조너선 파월의 사례는 외교가 얼마나 큰 용기가 필요한

과정인지를 생생하게 보여준다. 그는 영국의 총리였던 토니 블레어 밑에서 비서실장을 맡으며, 북아일랜드평화협상에서 핵심적인 역할을 했다. 이 협상은 수십 년간 지속된 분쟁을 끝내고 평화의 길로 나아가게 한 결정적인 사건이었다.[38] 그러나 그 과정은 절대 쉽지 않았다. 파월은 당시의 위험했던 상황을 자주 회상하며, 진정한 외교는 협상 테이블에서의 말싸움이 아니라 생명을 건 용기와 결단력의 연속이라고 강조했다.

북아일랜드의 상황은 대단히 복잡했다.[39] 오랜 세월에 걸친 정치적·종교적 갈등이 얽혀 있었고 그 중심에는 영국과 아일랜드 간의 역사적 반목이 자리 잡고 있었다. 1922년 아일랜드가 독립한 이후 북아일랜드는 영국의 일부로 남게 되었다. 비록 북아일랜드에 자치정부를 구성할 수 있는 자율성을 일부 부여받았지만, 개신교도와 가톨릭교도 사이의 갈등은 해결되지 않았다. 1968년부터 가톨릭계 시민권 운동과 이에 대한 개신교 계열의 반발로 폭력 사태가 심화되었고, 1972년 영국 정부는 자치정부를 해산하고 직접 통치를 선언하였다. 이로 인해 북아일랜드의 갈등은 종교 갈등에서 영국에 대한 정치적 갈등과 아일랜드 민족주의 운동으로 확산되었다.

언어와 역사 등 정체성 투쟁과 가톨릭계에 대한 사회적 차별이 중첩되면서 양측의 갈등은 폭력적으로 고조되었다. 1998년 벨파스트협정^{Belfast Agreement}을 계기로 적대 세력 간 상호 인정을 기반으로 한 권력 분점 체제가 도입되었고, 아일랜드는 헌법 개정을 통해 북아일랜드 영유권 주장을 삭제하며 상대방을 흡수하려는 통일 정책을 폐기했다. 대신 통일은 북아일랜드 주민의 동의에 따라 평화적으로 결정될 수 있다는 점을 명확히 하며 평화적 공존을 추구하게 되었다.

하지만 아일랜드공화국군은 무장 투쟁을 통해 영국의 지배에서 벗어나기를 원했고, 이에 대한 대응으로 영국 정부는 강경한 군사적 진압을 계속해 왔다. 그 결과 폭탄 테러와 군사적 충돌이 반복되었으며, 양측의 감정은 극에 달해 있었다. 이런 상황에서는 평화를 논의하는 것 자체가 엄청난 도전이었다.

영국 총리의 특사였던 조너선 파월은 협상 과정에서 위험에 직면하기도 했다. 그는 아일랜드공화국군 지도부와 만나기 위해 눈을 가리고, 어디로 가는지도 모른 채 자동차 트렁크에 실리는 상황까지 겪었다. 그가 아일랜드공화국군과의 협상을 진행하는 동안에도 테러와 공격의 위협이 도사리고 있었다. 그러나 그는 그 모든 상황을 견디며, 외교가 이루어질 수 있는 유일한 길은 끝까지 대화의 끈을 놓지 않는 것임을 믿었다.

그의 신념은 세 가지로 요약할 수 있다. 첫째, 파월은 협상이 평화를 가져오는 유일한 방법이라고 확신했다. 무장 충돌로는 영국과 북아일랜드의 갈등을 영원히 끝낼 수 없으며 결국 대화와 타협만이 진정한 해결책임을 인식했다. 둘째, 그는 외교가 영국의 국익을 지키는 가장 효과적인 방법이라고 믿었다. 군사적 대응은 오히려 영국의 국익을 해치고 국제적 고립을 불러올 수 있었다. 장기적으로는 외교적 해결이 영국의 이익을 보호하는 길이었다. 셋째, 그는 이 모든 과정이 용기 있는 행동이라고 생각했다. 협상 테이블에 앉아 적대적인 상대와 대화하는 것은 단순한 절충이 아니라, 정부의 자신감을 보여주고 국가의 진정한 힘을 드러내는 용기 있는 선택이라고 여겼다.

협상은 때로는 물리적인 위협을 무릅쓰고서라도 평화의 길을 찾는 고된 과정이다. 파월은 이 위험한 과정을 마다하지 않았고 그 결과 수십 년간 이어진 분쟁을 끝내는 데 기여할 수 있었다. 타협과 협력, 그리고 조정은 비겁한 행동이 아니다. 국민의 신뢰와 지지가 뒷받침되면 외교는 그야말로 당당해진다. 당당한 외교는 상대방에게 호통치는 것이 아니라, 자국의 국익을 명확히 인식하고 상대 국가의 입장을 경청한 뒤 상호 이익을 조정하는 것이다.

위기에 미리 대응하는 외교

한국은 중동뿐만 아니라 동남아시아에서도 외교적 성과를 거두었다. 아세안 10개국 중 말레이시아, 베트남, 인도네시아, 필리핀, 태국 등 5개국은 정식으로 한국어를 제2외국어 과목으로 채택하고, 라오스, 미얀마, 캄보디아는 일부 학교에서 한국어를 시범 도입해, 총 8개국에서 한국어 교육이 이루어지고 있다.[40]

또한 최근 5년 동안 한국과 아세안 국가 간 교역액은 꾸준히 증가해 2022년 기준 1,765억 달러를 기록하며 사상 최대치를 경신했다. 특히 베트남과의 교역은 794억 3,000만 달러로 전체 아세안 교역의 중심이 되고 있다.[41]

중동에서는 그린에너지 협력 파트너로서 우리나라의 위상이 높아지고 있다. 문재인 정부 시절부터 추진된 그린뉴딜 정책을 기반으로, 한국은 아랍에미리트의 '2050년 국가 에너지 전략'과 사우디아라비아의 '비전 2030'과 같은 중동의 에너지 전환 계획에 적극 참여해 왔다. 특히, 태양광 및 풍력 프로젝트와 수소 에너지 협력 분야에서 한국 기업들이 중추적인 역할을 수행하며 협력을 더욱 공고히 하고 있다.

이러한 외교적 성과는 대한민국이 가진 역량과 실용적 세계관 덕분이었다. 우리는 정치 체제가 다른 국가들과도 협력외교를 통해 경제적·안보적 이익을 추구하며 국민의 자존감을 지켜왔다. 이러한 협력외교야말로 공급망 위기, 기후 위기, 팬데믹과 같은 포괄적 안보 위기에 대응할 수 있는 방안이다.

2021년 요소수 위기는 외교의 중요성을 실감케 한 대표적인 사례다. 당시 중국의 석탄 부족으로 요소수의 원료인 요소 수출이 제한되면서, 대한민국은 요소수 공급망이 붕괴될 위기에 처했다. 물류와 화물차 운송이 마비될 뻔한 상황에서 호주 등 다른 국가에서 긴급히 요소를 수입했으며 한중 간 밀접한 소통을 통해 중국으로부터 제한된 물량의 요소를 확보함으로써 위기를 극복할 수 있었다. 이 사례는 외교가 위기관리의 핵심 도구가 될 수 있음을 잘 보여준다. 외교는 타국과의 축적된 신뢰와 협력을 통해 위기를 완화하고 미래를 대비하는 힘을 제공한다.

현재의 국제정치는 긴밀한 네트워크로 연결되어 한 지역에서의 전쟁이 전 세계에 영향을 미친다. 러시아와 우크라이나는 전 세계 밀 수출량의 약 29퍼센트를 차지하는 주요 곡물 생산국이다. 2022년 2월 우크라이나 전쟁이 발발했고, 그 자체만으로도 중동과 아프리카 지역의 식량 공급망에 심각한 위협을 초래했다. 전쟁 초기인 2022년 3월 밀 선물 가격은 부셸^{bu}당 12.94달러로 사상 최고치를 기록하며 식량 가격 급등을 야기했다.[42]

또한 전쟁으로 인한 에너지 공급 불안정으로 유럽은 심각한 에너지 위기에 직면했다. 러시아의 가스 공급 축소로 인해 유럽의 천연가스 가격은 2022년 8월까지 1년 만에 여섯 배 폭등했다.[43] 국제 유가는 2022년 3월 배럴당 99.0달러로 급등했다. 이는 기존 전망치(배럴당 76.7달러)를 29.1퍼센트 상회하는 수치로, 글로벌 경제에 광범위한 영향을 미쳤다.[44]

에너지와 식량 가격의 급등은 전 세계적인 인플레이션을 촉발했다. 미국의 소비자물가 상승률은 2022년 6월에 41년 만의 최고치인 9.1퍼센트를 기록했으며, 유로존 역시 2022년 10월까지 12개월 연속 소비자물가 상승률이 역대 최고치를 경신했다.[45] 이러한 위기는 저소득 국가의 경제적 취약성을 악화시키며 전 세계적으로 심각한 불평등을 초래했고 극우 세력의 부상과 트럼프의 재선에 결정적 역할을 하게 됐다.

한 지역의 전쟁이 전 세계적인 위기로 확산되는 현상은 한반도에서도 동일하게 적용된다. 한반도의 분쟁은 지역적 문제에 국한되지 않는다. 동북아와 국제사회 전반에 영향을 미칠 수 있는 파급력을 가지고 있다. 그 여파는 안보, 경제, 그리고 정치적 안정에 이르기까지 광범위하게 퍼질 것이다. 따라서 한반도의 평화 구축은 우리의 외교적 목표이며 국제적으로도 엄중한 책임을 의미한다. 우리의 외교는 국익을 수호하는 최초이자 최후의 수단이기도 하지만, 한반도를 넘어 동북아 전체의 평화와 안정이라는 목표를 지향해야 하기 때문이다.

3부

대한민국은 외교 중

오늘날의 대한민국도 교량 국가로서의 역할을 이어가고 있다. 우리는 지정학적 위치에서 비롯된 외교적 딜레마 속에서 균형을 맞추어야 하며, 그 과정에서 우리의 생존과 번영이 결정된다. 한미동맹은 우리의 안보를 지탱하는 기둥이지만, 중국과의 경제협력은 무시할 수 없는 현실이다. 교량 국가로서의 대한민국은 보다 실용적인 태도를 유지하면서, 외교적 유연성을 구현해야 한다. 우리의 역사와 문화, 그리고 국가의 생존 전략에 깊이 뿌리내린 운명이다.

한반도의 지리적 운명

우리나라가 뉴질랜드였다면

나는 가끔 엉뚱한 상상을 하곤 한다. '만약 내가 대한민국이 아닌 뉴질랜드에서 태어났다면 어떻게 살고 있을까?' 뉴질랜드는 세상의 끝자락, 모든 대륙과 멀리 떨어진 평화로운 섬나라다. 초원은 조용히 풀을 뜯는 양 떼로 가득하고, 푸르고 너른 하늘은 눈이 시릴 정도로 청명하며 자연이 만들어내는 평화로움은 마치 별세계처럼 느껴진다. 그곳에서는 전쟁의 위험도 느낄 수 없고 정치적 혼란도 멀게만 느껴질 것이다. 가장 가까운 나라가 호주이고 주변에는 그저 작은 섬나라들뿐이다. 평화로운 바다와 푸른 하늘, 그리고 신선한 바람을 맞으며 살아가는 그런 삶을 상상해 보라.

뉴질랜드는 독립적인 전투 항공 전력을 운영하지 않고 있으며, 일부 공중 방어는 호주와 같은 동맹국과의 협력에 의존하고 있다.• 전투기 운용 중단은 우리의 입장에서는 이해하기 어려운 이야기다. 대한민국의 현실은 뉴질랜드와는 전혀 다르다. 우리는 지구상에서 가장 복잡한 지정학적 위치에 있으며 적대적 분단으로 군사적 분쟁의 위험을 품고 있다. 한반도는 미국과 중국, 일본과 러시아라는 강대국 사이에 위치해 있으며 이들의 이해관계가 한반도에 복잡하게 투영되어 있다. 대한민국은 언제나 긴장 속에서 살아가야 했으며 전쟁의 그림자는 늘 가까이 있었다. 외교안보 현장에서도 긴장의 끈을 놓을 수 없는 환경이다.

만약 우리가 뉴질랜드처럼 평온한 환경에 있었다면 우리

• 2000년대 초반 뉴질랜드는 A-4 스카이호크 전투기 등 전투기 운용을 중단하면서 공군의 전투 항공 전력을 폐지했다. 이후 뉴질랜드 공군(RNZAF)은 해상 순찰, 수송, 구조 등의 임무에 집중하고 있으며, 고도의 공중 전투 임무나 지역 안보와 관련한 사항에서는 호주와 협력한다.

의 삶은 훨씬 더 평온했을지도 모르겠다. 하지만 그런 상상은 한반도의 현실과는 거리가 멀다. 한반도는 위치부터 남태평양 바다 가운데 자리한 뉴질랜드와 달리 대륙과 해양이 만나는 교차점에 있다. 한반도는 대륙과 해양 세력을 연결하는 다리 역할을 했으며 이러한 지리적 특성이 때로는 기회가 되었지만 때로는 수많은 갈등의 중심지가 되기도 했다. 지정학적 위치는 그만큼 중요한 역할을 한다.[46]

우리는 교량 국가의 운명을 타고났다. 교량 국가는 축복인 동시에 저주가 될 수 있다. 대륙과 해양이 만나는 지점에 자리한다는 것은 기회의 장이 될 수 있음을 의미한다. 한반도는 동아시아 경제와 글로벌 물류의 요충지로서, 대륙과 해양의 허브로 자리 잡을 잠재력을 지니고 있다. 또한 강대국 간 이해관계가 교차하는 전략적 중재자로서 국제 외교에서 중요한 역할을 할 수 있다. 그러나 이는 아직 실현되지 못한 꿈에 머물러 있다.

현실적으로 한반도의 지정학적 위치는 수많은 외부 세력의 이해관계가 얽히며, 갈등과 침략의 대상이 될 위험을 내포한다. 실제로 한반도는 수많은 외세의 침략과 간섭을 경험해 왔다. 이러한 역사적 현실은 한반도의 위치가 교류의 허브가 되기도 하지만, 강대국 간 이해관계의 충돌 지점으로도 기능해 왔음을 보여준다.

교량 국가는 늘 선택의 기로에 선다. 대륙 세력과 해양 세력 중 어느 쪽과 손을 잡을지, 혹은 두 세력 간의 균형을 어떻게 맞출지에 따라 국가의 운명이 결정되기 때문이다.

1992년 한중 수교 이후 대한민국은 중국과 밀접한 경제적 관계를 맺으며 상호 성장을 이루었다. 1990년대에 중국은 연평균 약 9.9퍼센트의 고속 성장을 기록했고, 한국도 연평균 약 7퍼센트의 경제성장률로 안정적인 성장을 유지했다. 2010년대에 들어서면서 중국은 연평균 6.6퍼센트의 경제성장률을 보이며 경제적 위상을 강화했고, 한국은 연평균 2.3퍼센트의 경제성장률을 기록하며 경제의 질적 성장을 도모했다. 중국의 경제 성장에 발맞춰 우리의 이익을 극대화할 수 있는 시기였다.

한중 간 경제적 관계는 기회이자 외교적 딜레마였다. 미국과의 관계를 고려할 때, 한중 관계가 밀접해질수록 한국에는 외교적 부담이 작용하기 시작했다. 국내에서도 두 강대국 중 하나를 선택해야 하는 것처럼 논쟁이 진행되기도 했다.

역사적으로도 기존의 패권국과 부상 국간의 세력변동기에 섬세한 외교를 유지하는 것은 우리에게 중요한 과제였다. 조선의 외교사에서 명청 교체기의 혼란은 외교적 이상과 현실이 충돌했던 대표적인 사례다. 당시 조선의 관료들 사이에서는 명나라와의 의리를 지켜야 한다는 척화파의 명분론과 청나라라는 새로운 패권 세력과 관계를 재정립해야 한다는 주화파의 현실론이 대립했다. 결국 병자호란이 발발했고 조선은 청나라에 굴복하는 굴욕적인 결과를 맞이했다. 이 사건은 외교에서 감정적 충성이나 이념적 이상이 현실의 이해관계를 고려하지 못할 때 국가의 생존에 심각한 위협을 초래할 수 있음을 보여준다.

나는 이 사례가 오늘날의 현실과 다르지 않다고 본다. 우리는 국제 환경 변화를 민첩하게 주시하고 분석하는 명석함과 외교적 유연성을 유지해야 한다. 무엇보다 전략적 사고를 명분과 이익의 틀 안에 가두어선 안 된다.

오늘날의 대한민국도 교량 국가로서의 운명을 이어가고

있다. 우리는 지정학적 위치에서 비롯된 외교적 딜레마 속에서 균형을 맞추어야 하며, 그 과정에서 우리의 생존과 번영이 결정된다. 한미동맹은 우리의 안보를 지탱하는 기둥이지만 중국과의 경제협력은 무시할 수 없는 현실이다. 교량국가로서의 대한민국은 보다 실용적인 태도를 유지하면서 외교적 유연성을 구현해야 한다. 우리의 역사와 문화, 그리고 국가의 생존 전략에 깊이 뿌리내린 운명이다.

세력균형과 세력조화

앞에서 설명한 현실주의 세계관에 따르면 국제사회는 크게 두 가지, 세력균형과 세력조화 방식으로 작동한다. 세력균형Balance of Power 체제는 강대국들이 경쟁하며 힘의 균형을 유지하는 방식이다. 이 체제의 핵심은 국제질서가 하나의 패권국이 아닌 다수의 강대국 간 힘의 균형을 통해 유지된다는 점에 있다. 각 국가는 자신의 군사적·경제적·정치적 역량을 최대화함으로써 경쟁력을 확보하려 하고, 다른 국가들과의 상호 견제를 통해 상대적으로 유리한 환경을 조성하려 한다. 세력균형체제에서는 갈등과 협력이 공존한다. 군사적 긴장과 외교적 대립은 상시적으로 존재하지만, 이는 동맹의 형태로 협력을 유도하거나 더 큰 갈등을 방지하는 억제력으로 작용하기도 한다.

냉전 시기의 세력균형체제는 양극 체제의 전형을 보여주는 대표적인 사례로, 미국과 소련이라는 초강대국 간의 대립이 세계 정치와 안보를 지배했다. 이들은 군사력과 이념 경쟁을 통해 각자의 세력을 확장하려 했으며, 세력 경쟁은 다양한 지역에서 긴장과 충돌 형태로 드러났다.

한반도는 냉전 체제의 출발점으로서 중요한 상징성을 지닌다. 6.25전쟁은 냉전 체제가 군사적 충돌로 표면화된 최초의 대규모 사건으로, 동북아에서 미국과 소련 간의 대립을 직접적으로 보여준 사례였다. 북한의 남침으로 시작된 전쟁은 미군과 유엔군, 중국군이 한반도 전장에 참전하면서 냉전의 첫 전쟁으로 확대되었다. 세계사적인 관점에서 본다면 6.25전쟁은 자본주의와 공산주의 진영 간의 갈등이 전 세계로 확산될 수 있음을 보여준 중요한 사건이었다. 이러한 맥락에서 한반도는 냉전의 시작과 그 구조적 본질을 이해하는 데 핵심적인 사례로 평가된다.

제프리 블레이니$^{Geoffrey\ Blainey}$는 저서 『전쟁의 원인$^{The\ Causes\ of\ War}$』에서 세력균형체제의 특징을 설명하면서, 강대국 간의 경쟁이 어떻게 국제 갈등을 조정하고 불안정한 평화를 유지하려는 방식으로 작동했는지를 분석한다.[47] 그는 세력균형체제가 외견상 평화를 유지하는 데 기여할 수는 있지만 강대국들이 힘을 조정하는 과정에서 발생하는 긴장과 불안정이 전쟁의 원인이 되기도 한다고 지적했다.

냉전의 역사에서 알 수 있듯 미국과 소련은 핵무기 경쟁과 군사적 대치 속에서 힘의 균형을 유지하려 했으나 세계 각지에서 갈등과 전쟁이 발생하며 많은 소규모 국가가 강대국들의 대리전 무대가 되었다. 베트남 전쟁이 베트남인들에게는 민족해방전쟁으로 인식되지만 미국에서는 자본주의 진영과 공산주의 진영의 대리전으로 규정한 이유도 소위 세력균형적 관점 때문이다.

세력균형체제와 달리 세력조화$^{Concert\ of\ Power}$체제는 강대국들이 서로의 이익을 조율하며 국제 정세를 움직인다. 이 체제에서는 강대국 간의 협력을 통해 국제질서를 안정적으로 유지하려는 노력이 중심이 된다. 그러나 그 과정에서 약소국의 권리나 주권은 종종 무시되거나 부차적인 문제로 취급된다. 강대국은 자국의 이익을 우선시하며, 정치적 타협과 협상을 통해 세계 질서를 형성하고 필요한 경우 세계의 판도를 재편성한다. 약소국들은 이들의 협상 테이블에서 논의의 주제가 될 뿐 협상의 주체로 참여할 기회를 거의 가지지 못한다.

19세기 유럽의 빈회의$^{Congress\ of\ Vienna}$는 세력조화의 대표적인 사례다. 나폴레옹 전쟁 이후 오스트리아, 러시아, 프로이센, 영국 등 주요 강대국은 빈회의를 통해 전후 유럽의 질서를 재정립했다. 이 과정에서 강대국들은 각자의 세력권을 재조정하고 공존을 통해 유럽에서의 전쟁을 방지하려했다. 빈회의는 이후 수십 년간 비교적 안정된 국제질서를 유지하며 '유럽의 평화'를 가져왔지만 그 대가로 약소국들은 강대국들의 결정에 따라 영토가 분할되거나 통치 체제가 바뀌는 등 자주결정권 없이 운명이 좌지우지됐다.[48] 예를 들어 폴란드는 당시 강대국 간의 협상에 의해 영토가 분할되었고 독립국으로의 지위를 상실했다. 또한 이탈리아와 독일에 위치했던 작은 나라들은 강대국의 세력권 속에서 분할과 통제를 겪어야 했다.

현대에 들어서도 강대국 간의 협력은 비슷한 양상을 띤다. 1970년대 미중 데탕트는 한국과 일본에 중대한 도전을 제기하며 두 나라의 외교와 경제 전략에 변화를 요구했다. 동맹국과 사전협의 없이 중국과 관계를 개선하고자 했던 미국의 정책은 한국과 일본에 닉슨 쇼크로 불릴 정도로 놀라운 일이었다.

또한 한국은 '아시아의 안보는 아시아 국가가 주도해야 한다'는 닉슨 독트린Nixon Doctrine과 주한미군 감축 계획으로 인해 안보 위기를 맞았다. 북한이 미중 관계 개선을 활용해 외교적 공세를 강화하면서 한국은 국제적 입지를 확보하기 위한 외교 다변화와 자주국방이 절실해졌다.

일본 또한 미중 관계 개선과 금 태환 정지로 외교와 경제적 도전에 직면했다. 이를 계기로 일본은 1972년 중일 국교 정상화를 추진하며 독자적인 외교 노선을 강화했다. 하지

만 금 태환 정지와 엔화 절상은 일본 경제의 수출 경쟁력을
약화시키며 경제 구조 전환을 요구했다.

세력균형체제에서 우리에게 놓인 과제

앞서 열거한 세력균형체제와 세력조화체제를 다시 정리해
보자. 먼저 세력균형체제는 강대국 간의 경쟁이 국제질서
의 기본축을 형성하는 환경으로, 냉전 시기와 한국전쟁 사
례가 이를 가장 극명하게 보여준다. 약소국이 강대국의 이
해관계 속에서 생존하기 위해 독자적 외교 역량을 얼마나
중요한 과제로 삼아야 하는지를 보여주는 상징적인 사례라
고 할 수 있다.

　반면 세력조화체제에서 약소국은 정치적 주체성이나 자
주권을 침해당하는 불평등한 상황에 놓일 수 있다. 세력조
화체제에서는 강대국들이 서로 협력해 세계의 안정과 균형
을 도모하려 하지만 이는 어디까지나 그들의 이익에 기반
한 안정이다. 약소국은 강대국 간의 협력과 타협 속에서 목

소리를 내기 어렵고, 때로는 국제질서의 이해관계에 의해 희생될 수밖에 없는 상황에 처한다. 그렇기에 약소국은 국제 정세의 변화에 더욱 민감하게 대응해야 하고 외교적 자율성을 확보하기 위한 노력이 절실할 수밖에 없다.

오늘날처럼 미국과 중국의 갈등이 심화되는 국제 환경에서는 세력균형의 원리가 여전히 작용하고 있다. 동시에 미중 갈등은 언제든지 이슈 영역에 따라 세력조화체제로 전환될 수 있다. 우리는 세력균형과 세력조화의 시대를 면밀히 대비해야 한다.

첫 번째로 독자적 외교 역량을 강화해야 한다. 한국은 강대국의 이해관계에 종속되지 않고 자국의 이익을 지키기 위해 다자외교를 선도하고, 외교 다변화를 통해 시장의존도를 분산하고, 문화외교를 통해 소프트파워를 확장해야 한다. 국제기구와 지역 협력체에서의 활동은 강대국의 갈등 속에서 우리의 입장을 반영할 수 있는 중요한 지렛대로 작용한다. 특히 세계무역기구, G20, 유엔 등 다자협력체에서 선도적 리더십을 발휘하여 다자주의 외교를 복원하는 역할을 수행해야 한다. 동시에 글로벌 공급망 위기와 기술 패권 경쟁이 심화되는 상황에서 반도체, 배터리, 바이오 등 핵심 산업의 자립도를 높여 경제적 회복탄력성을 강화해야 한다. 더불어 민간과 기업이 고양시킨 K-컬처와 같은 소프트파워를 활용하여 우리나라의 매력도와 국제적 신뢰를 구축하고 외교의 공간을 넓혀야 한다.

두 번째로 미중 관계를 면밀히 살피는 능력도 필수적이다. 세력균형체제는 끊임없이 변화하는 동적 구조를 가지고 있다. 특히 경제안보의 중요성이 강조되는 시대에는 시장과 기업의 움직임이 매우 빨라진다. 강대국 간의 갈등이 예측 불가능한 방식으로 전개될 수 있다. 2018년 미중 무역 전쟁이 시작되었을 당시, 양국 간 관세 부과가 단순한 경제 갈등을 넘어 정치적·기술적 패권 경쟁으로 확산될 것을 예측한 전문가는 많지 않았다. 이런 환경에서는 전략적 정보 수집과 분석 체계의 강화가 필수적이다.

기업 차원에서는 국제 시장의 변화와 미중 경쟁이 특정 산업에 미치는 영향에 민감할 수밖에 없다. 그렇기에 업계의 정보력과 시장 반응을 면밀히 수집해야 한다. 학계와 싱크탱크는 국내외 전문가 네트워크를 통해 최신 정보를 수

집해 분석하고 이를 정부와 업계에 공유하는 역할을 강화해야 한다. 정부는 기업과 학계와 협력 관계를 구축해야 한다. 특히 외교부, 산업통상자원부, 기재부 등 다양한 부처가 협력하여 종합적인 상황 분석과 정책 대응 체계를 구축해야 한다.

시민사회와의 협력도 필수다. 시민사회는 한국 경제와 사회의 변화를 체감하는 주체로서, 정부와 기업이 놓치기 쉬운 시각을 공유해 줄 수 있기 때문이다. 세력균형체제에서 미중 관계를 면밀히 살피는 것은 전방위적 대응 시스템을 요구한다. 정부는 기업, 학계, 시민사회와의 협력을 통해 전략적 정보 수집과 분석 능력을 강화하고, 변화하는 국제 질서 속에서 국익을 지키는 선제적 대응을 마련해야 한다.

마지막으로 국익 중심의 실용적 동맹 정책은 세력균형체제에서 한국이 선택할 수 있는 가장 현실적인 전략이다. 한국은 미국과 상호호혜적 협력을 유지해야 한다. 서로 도움주고 도움받는 동맹으로 진화시키며, 우리의 국가 안보와 경제 안정에 도움이 되게 해야 한다. 동시에 중국과는 전략적 협력과 소통을 통해 상호 신뢰를 구축해야 한다. 동북아

안정과 번영의 필수 파트너로 중국 정부 및 중국 인민들과의 협력을 강화해야 한다. 한반도의 비핵화와 평화체제 구축을 위해서는 미국과 중국의 협력이 필수적이다. 또한 북미 간의 진전된 협상을 위해서는 중국의 협력이 중요하다는 것은 자명하다. 때문에 미국과 중국에 대한 실용적이며 전략적 자세를 유지할 필요가 있다.

세력균형과 세력조화 사이에서의 대한민국 외교정책

세력균형과 세력조화는 대한민국에도 중요한 의미가 있다. 세력균형체제에서는 대한민국이 강대국 간의 경쟁에 휘말릴 위험이 커진다. 특히 미국과 중국 간의 갈등이 격화되면 한반도는 갈등의 최전선에 놓일 수 있다. 강대국이 자국의 이익을 극대화하려는 과정에서 군사적 위험이나 경제적 압박을 받기 쉽기 때문이다.

세력조화체제에서는 강대국이 한국의 주권이나 이익을 무시한 채 그들 간의 협상과 타협으로 한반도의 미래를 결정할 가능성이 있다. 세력조화의 세계에서 약소국은 정치적 거래의 체스 말일뿐 자신들의 목소리를 낼 수 없다. 대표적인 사례로 1905년 미국과 일본 간의 가쓰라태프트협정Katsura-Taft, 協定을 꼽는다. 이 밀약에서 일본은 필리핀에 대한 미국의 지배권을, 미국은 한반도에 대한 일본의 지배권을 인정하며 서로의 이익을 보장했다. 이 협정은 조선이나 필리핀의 의사를 무시한 채 조선의 운명을 강대국 간의 이해관계 속에 가두었고, 그 결과 조선은 일제의 식민지로 전락했다. 세력조화체제가 약소국에 얼마나 큰 위험을 내포하는지를 잘 보여준다.

대한민국은 동북아시아에서 자율적이고 실질적인 외교력을 강화하고 이를 실행해야 한다. 강대국 간 이해관계가 한반도에 직접적 영향을 미치는 상황에서 외세에 흔들리지 않는 주도적인 외교는 국가 생존의 필수 조건이다. 과거 한반도가 국제질서의 변동 속에서 외교적 주도권을 상실했던 사례를 교훈 삼아, 강대국의 협력에만 의존하지 않고 주도적인 외교적 능력을 갖춰야 한다. 이를 위해 구체적인 정책 방안과 실행이 필요하다.

첫째, 미중 간 경제 및 안보 갈등 속에서 시장을 다변화해야 한다. 문재인 정부의 신남방정책은 이러한 자립 전략의 좋은 사례다.[49] 당시 한국은 반도체, 배터리, 바이오산업을 미래의 핵심 산업으로 지정하고 신남방 국가들과의 협력을 적극적으로 추진했다. 이 정책은 동남아시아 국가들과의 교역을 크게 확대하면서 중국 의존도를 줄이려는 목적도 포함하고 있었다. 이에 따라 한국과 베트남 간 교역은 2017년부터 2021년까지 연평균 약 12.5퍼센트의 성장률을 기록했다. 한국의 아세안 시장 점유율 또한 높아졌으며 정부에서는 우리 기업이 안정적인 자원과 부품 공급을 확보할 수 있도록 도왔다.

신남방정책의 핵심은 한국이 특정 국가에 과도하게 의존하지 않고, 신흥 시장을 개척해 경제적 자립 기반을 강화하는 다변화 정책이었다. 앞으로도 한국은 글로벌 공급망에서 경쟁력을 지키기 위해 첨단기술 분야에서의 역량을 키우고 아세안 국가와의 파트너십을 강화하는 방안을 지속해야 한다. 다양한 경제 파트너와의 협력 관계는 글로벌 환경이 변한다 해도 한국이 독립적이고 안정적인 경제 기반을 유지할 수 있도록 도와줄 것이다.

둘째, 한국은 외교적 주도성을 강화하기 위해 다자협력을 주도하고 경제 및 안보협력을 위한 양자 및 다자 대화를 강화해야 한다. 문재인 정부는 강대국 사이에서 한국의 외교적 입지를 넓히기 위해 다자외교의 중요성을 적극 활용했다. 이는 동북아를 포함한 다양한 국가와의 협력을 통해 외교적 다변화를 추구하기 위한 전략이기도 했다.

문재인 정부는 유엔, 동남아시아국가연합, 동아시아정상회의EAS, G7, G20, 아시아태평양경제협력기구APEC 등 사실상 모든 다자협력체에서의 활동을 강화하며 한반도 평화와 안정에 대한 국제적 지지를 이끌어냈다. 문 대통령은 유엔 총회에 5년 연속 참가해 한반도 평화 프로세스의 중요성을 직접 호소하면서 한반도 문제가 남북 간의 문제만이 아니라 국제사회가 함께 해결해야 할 문제로 인식되도록 하는 데 기여했다.

다자외교에 대한 노력은 한국이 강대국 간의 긴장 속에서도 자주적인 외교 역량을 강화하는 데 중요한 역할을 했다. 특히 문재인 정부는 2회 연속 G7 정상회의에 초청되면서 이를 구체적으로 실천할 기회를 가졌다. 2021년 한국은 영국에서 개최된 G7 정상회의에 참여하며 선진국과의 협력 강화와 글로벌 이슈에 대한 기여 의지를 보여주었다. 문재인 대통령은 백신 공급 문제와 기후 변화 대응을 주요 의제로 다루며 글로벌 협력의 중요성을 강조했고, 개발도상국에 대한 백신 지원 확대를 위해 G7 국가들과 협력할 것을 약속했다.

기후 변화 대응 분야에서도 탄소 중립 목표와 재생 에너지 확대 계획을 제시하며 기후 문제 해결에 적극적으로 동참할 뜻을 밝혔다. 이는 한국이 한반도 문제에 국한되지 않고, 글로벌 차원의 문제에 대해서도 선진국들과 함께 대응할 의지가 있음을 보여준 것이다. 이와 같은 다자외교를 통해 한국은 주요 국제 이슈에 대한 책임 있는 국가로서의 위상을 높였으며, G7 국가와의 협력을 강화하는 계기를 마련했다.

문 대통령이 G7에 2년 연속 초청될 수 있었던 이유는 한국이 강대국 간 경쟁 구도에 휘말리지 않으면서도 주요 글로벌 의제에 적극적으로 참여해 다자협력을 주도한 덕분이다. 앞으로도 이러한 다자협력의 장에서 한국은 경제, 안보, 기후, 보건 문제 등 다양한 국제 의제에 대한 리더십을 발휘하며 국제사회에서의 영향력을 확장해 나가야 한다. 이를 통해 강대국 간 경쟁이나 협력 구도에서도 주도적 외교 공간을 확보하고 선도적 외교를 추진할 수 있을 것이다.

셋째, 한반도의 평화와 안정 없이는 경제 성장이 불가능하다는 인식하에 군사적 긴장을 완화하는 데 기여할 수 있는 조치를 추진해야 한다. 9.19남북군사합의는 이러한 실질적 노력의 대표적 사례다. 이 합의는 남북 간 비무장지대 내 감시초소 철수, 한강 하구 평화수역 설정, 군사적 충돌 방지를 위한 연락망 강화 등의 조치를 포함했다.[50] 특히 비무장지대 내 감시초소 철수는 남북 간 군사적 긴장을 완화하는 실질적인 진전으로 평가되었고, 양측이 군사적 충돌을 피하면서 신뢰를 쌓는 계기가 되었다.

이 합의의 의미는 남북 간 군사적 긴장을 낮추는 데 그치지 않고, 장기적으로 한반도 내 경제적 안정과 성장을 위한 토대를 마련하는 데 있다. 한반도가 군사적으로 안정될수록 경제 성장과 투자가 활발해질 수 있기 때문이다. 앞으로도 한국은 군사적 신뢰 구축과 긴장 완화를 위한 실질적인 외교 조치를 강화해야만 경제 성장을 위한 안정적 기반을 다질 수 있다.

강대국 사이에서 국익을 지키는 외교

이처럼 실질적이고 체계적인 외교정책과 전략이 있어야 대한민국은 강대국 간 경쟁과 협력의 구도에서 자국의 이익을 지키고, 한반도의 평화와 경제적 안정을 도모할 수 있을 것이다. 문재인 정부의 사례들은 한국이 독립적인 외교 역량을 강화하는 방향으로 지속해 나가야 할 구체적인 근거를 제시해 준다. 또한 이러한 정책들은 노태우 정부 이후 대한민국 정부가 좌우를 초월해 추진했던 전략들이기도 하다.

대한민국의 평화와 안정은 우리 국민뿐만 아니라, 동북아시아에 거주하는 일본인, 중국인, 그리고 미국인에게도 중요하다. 한반도에서 전쟁이 발발한다면 글로벌 경제에도 엄청난 불확실성을 가져오게 된다. 대한민국은 세계 10대

교역국 중 하나이자, 세계에서 여섯 번째로 국방비를 많이 지출하는 나라다. 또한 반도체 같은 첨단산업의 중심지로 한반도에서의 불안정은 전 세계 공급망에 치명적인 타격을 줄 것이다.

이제 대한민국의 평화는 세계 정치 전체에 영향을 미치는 공공재로 인식되고 있다. 그렇기에 우리 외교는 실용적이고 국익 중심으로 이루어져야 하며, 하나의 강대국에만 편중된 외교는 위험할 수밖에 없다. 특정 국가에 모든 것을 의존하는 '편식 외교'는 오히려 우리 국익을 해치는 결과를 초래할 수 있다.

한미동맹은 우리에게 매우 중요한 외교적 자산이다. 동맹은 국익을 수호하기 위한 수단이지만 외교 그 자체의 목적이 되어서는 안 된다. 미국과도 조율할 것은 조율하면서 우리의 이익과 미국의 이익을 균형 있게 맞춰나가야 한다. 미국은 전략적 이익이 되는 국가에 더 큰 가치와 외교적 성의를 부여한다. 한미동맹이 진정 상호주의적 동맹으로 진화하기 위해서는 우리의 역량뿐만 아니라 전략적 가치가 증가해야 한다. 중국과 소통하며 교류 협력을 강화할수록 대한민국은 전략적 가치가 증가한다. 중국과 러시아와 소통하지 못하는 대한민국은 전략적 가치가 감소할 수밖에 없다. 우리는 강대국 사이에서 실용적이고 유연한 외교 전략을 통해 우리의 평화와 안정, 번영을 지켜야 한다. 역사와 현실이 보여주듯 외교가 무너지면 전쟁이 발발하고, 전쟁이 발발하면 대한민국의 국익은 그 순간 종잇조각처럼 사라져버린다.

대한민국의 협력외교

서울의 테헤란로, 테헤란의 서울로

외교의 본질은 협력이다. 우리나라의 외교는 협력외교를 기반으로 발전해 왔다. 협력외교는 적대국이라도 직접 마주하고 우리의 이익과 관점을 분명히 주장하는 당당한 외교의 자세를 의미한다. 상대국과의 관계에서 우리의 이익을 철저히 계산하며 국익을 극대화하는 방식이다.

박정희 정부가 집권했던 1970년대 초반, 대한민국은 자체적으로 석유를 수입할 역량이 부족했다. 국내 정유산업은 석유를 수입하고 정제할 능력도 부족했다. 당시 대한석유공사(현 SK에너지)가 있었지만 자본과 기술에서는 외국 기업의 지원에 의존해야 했다. 우리나라의 석유 수입과 공급은 주로 쉐브론Chevron 같은 미국의 석유 회사들과의 사업을 통해 이루어지고 있었다.

1973년, 제1차 석유파동이 발발했다. 이스라엘과 전쟁 중이던 중동의 이슬람 국가들이 친이스라엘 국가에는 원유를 수출하지 않는 금수조치를 취한 것이다. 당시 배럴당 3~4달러 정도였던 원유 가격은 12~14달러로 급상승했고, 이스라엘을 지원하던 미국이 중동에서 원유를 받지 못하는 사태로 이어졌다. 우리나라도 친이스라엘 국가로 몰려 석유를 아예 수입하지 못하는 신세가 됐다. 당시 박정희 정부는 기업 대표들은 물론 상공부 장관과 건설부 장관을 포함한 각료급 사절단을 꾸려 중동의 이슬람 국가들을 찾아 처절한 설득 작업을 해야만 했다.

이때 중동 산유국 중 유일하게 한국에 석유를 공급한 나라가 이란이다. 이란은 한국을 새로운 수출 시장으로 보고 석유를 공급함으로써 경제적 이익을 얻으려 했다. 한국은 이란에게 매력적인 협력 파트너로 비쳤으며, 석유 공급을 통해 양국 간 신뢰를 구축하는 계기로 삼으려 했던 것이다. 오늘날의 시각에서 본다면 우리는 이때 원유 공급망의 위기를 실용적인 외교력으로 해결한 것이다.

이러한 협력의 상징적 사례가 바로 서울의 테헤란로와 테헤란의 서울로다. 석유 수입 협상 이후 한국과 이란의 관계는 급격하게 가까워 졌다. 1977년에는 테헤란시 골람 레자 닉페이Gholam Reza Nikpey 시장을 초청해 자매결연식을 맺고 양국의 우호 관계를 기념하며 서울 강남의 한 도로에 '테헤란로'라는 이름을 붙였다. 같은 해 테헤란에도 '서울로'라는 도로가 생겼다.

양국은 협력외교를 통해 상호 이익을 극대화하는 관계를 구축했고 이는 외교적 성과로 이어졌다. 1979년에는 이란에서 이슬람혁명이 일어나면서 정치적 변화가 있었음에도 불구하고 대한민국은 이란과의 협력을 지속했다. 세계 여러 나라가 이란과의 관계를 단절할 때도 대한민국은 정치적 차이에도 불구하고 실리외교의 원칙에 따라 경제협력을 이어갔다.

이는 대한민국의 외교가 상대국의 정치 체제나 문화적

차이에 얽매이지 않고 상호 이익을 우선시한다는 점을 잘 보여준다. 결과적으로 한국과 이란의 협력외교는 대한민국이 오일쇼크라는 세계적 위기 속에서도 에너지 안보를 강화하고 경제적 성과를 이룰 수 있도록 했다. 테헤란로와 서울로는 그러한 실리적 협력의 상징으로 오늘날까지 양국의 역사적 관계를 기념하는 도로로 남아 있다.

노태우 정부의 북방 외교

협력외교는 대한민국 외교를 관통하는 전통이자 정체성이다. 역대 정부가 이념과 성향을 초월해 일관되게 외교의 중심축으로 삼아온 기조가 바로 협력외교다. 보수 정부든 진보 정부든 예외는 없었다. 그리고 그 출발점을 마련한 정부는 노태우 정부였다.

노태우는 5.18민주화운동을 탄압하고 12.12군사반란을 주동했다는 이유로 사법적 심판을 받은 인물이다. 전직 대통령으로서의 예우마저 박탈당했으며 부정적인 평가를 피할 수 없다. 그러나 노태우 정부의 대외 정책만큼은 다른 시각으로 볼 필요가 있다. 특히 북방정책은 대한민국 외교에서 중요한 전환점으로 평가된다.[51] 북방 외교는 중국과 소련을 포함한 사회주의 국가들과의 관계를 획기적으로 개선하며 한반도의 외교 지형을 근본적으로 변화시켰다.

북방정책은 한국 경제의 세계화를 가속하고, 이후 남북 관계에서 새로운 장을 여는 데도 기여했다. 만약 노태우 정부의 북방 외교가 없었다면, 오늘날 우리가 알고 있는 한반도 외교의 모습은 크게 달라졌을 것이다. 이는 노태우 개인의 사법적 심판과는 별개로 북방정책이 대한민국 외교사에서 가지는 의미를 더욱 부각시키는 대목이다.

노태우 정부의 대표적 성과 중 하나는 단연 1988년 서울올림픽의 성공적 개최다. 88서울올림픽은 대한민국이 국제 무대에 당당히 첫발을 내딛는 역사적인 순간이었다. 당시 서울올림픽은 전 세계의 시선을 대한민국으로 집중시켰고, 이를 통해 국제사회에서 존재감을 확실히 각인시켰다. 지금의 대학생들에게 기억에 남는 국제적 이벤트가 무엇인지 물어본다면 선뜻 답하기 어려울 수 있다. 그러나 1980년

대 중후반에 태어난 이들에게 2002년 한일 월드컵이 강렬한 기억으로 남아 있듯, 88서울올림픽은 그전 세대에게 월드컵 못지않은 강렬한 사건이었다. 88서울올림픽은 대한민국의 경제적 성장과 문화적 자부심을 세계에 알리는 기회였으며, 이후 대한민국이 글로벌 무대에서 자신감 있는 국가로 자리 잡는 데 중요한 전환점이 되었다.

당시 세계는 냉전으로 꽁꽁 얼어붙어 있었다. 1980년 모스크바올림픽에는 서방 국가들이 대거 불참했고, 1984년 로스앤젤레스올림픽에는 공산 진영이 발을 뺐다. 그런 상황에서 맞이한 올림픽이었기에 반쪽 올림픽이 아닌, 모든 진영이 함께하는 화합의 무대로 만들어야 했다. 이를 위해 노태우 정부는 발 빠르게 움직였다. 남북 관계를 개선하고 나아가 소련과 중국, 동유럽 국가들과 외교 관계를 맺으면서 협력의 문을 열었다. 이때 탄생한 것이 북방정책이다.[52] 당시의 상황을 보면 그야말로 대한민국이 냉전의 빗장을 풀고 새로운 시대를 향해 나아가는 순간이었다.

노태우 정부의 북방 외교는 실용주의의 정수를 보여주는 대표적 사례였다. 냉전 진영에 균열이 가고 있었을 때, 신속히 외교적 기동력을 발휘하여 중국, 소련 등 공산권 국가들과 외교 관계를 수립하며 외교적 관여의 폭을 확장했다. 이른바 '대한민국표 협력외교'가 탄생한 순간이다.

노태우 정부의 북방 외교는 대한민국을 자유 진영과 공산 진영을 모두 아우르는 탈냉전 외교의 중심으로 자리매김하게 했다. 또한 냉전 체제의 변화를 적극적으로 해석하여 우리 외교를 국익 중심으로 전개할 수 있다는 새로운 가능성을 열었다. 이러한 노력은 이후 동유럽 지역에서 경제와 외교의 다각화를 이루는 토대가 되었다.

노태우 정부는 1989년 헝가리와 가장 먼저 수교를 맺었다. 이어서 1989년에는 폴란드, 1990년 체코슬로바키아, 1990년 유고슬라비아, 1990년 루마니아와도 차례로 수교를 맺었다. 1990년에는 소련과 역사적인 수교를 맺었다. 이 수교는 대한민국이 냉전 구도의 한계를 넘어 공산권과도 실리적인 협력 관계를 구축할 수 있음을 보여준 외교적 성과였다.

1992년, 마침내 노태우 정부는 중국과의 수교를 성사시키며 북방 외교의 대미를 장식했다. 이 일련의 외교적 성과

인문

창조적 시선

인류 최초의 창조 학교 바우하우스 이야기

김정운 지음 | 윤광준 사진 | 이진일 감수 | 값 108,000원

'창조성'의 구성사(構成史)에 관한 탁월한 통찰!
김정운의 지식 아카이브 속 가장 중요한 키워드, '바우하우스' 로드를
직접 걸으며 밝혀낸 창조적 시선의 기원과 에디톨로지의 본질.

정영진의 시대유감

나는 고발한다, 당신의 뻔한 생각을

정영진 지음 | 값 22,000원

〈삼프로TV〉〈매불쇼〉〈일당백〉〈웃다가!〉〈보다〉…
누적 구독자 천만 명! 천재 기획자 정영진식 인사이트
"어설픈 위로나 공감을 하느니 불편한 질문을 좀 해볼게요"
정영진이 이슈의 최전선에서 10여 년간 뒹굴면서 생각한 것들

김형석, 백 년의 지혜

105세 철학자가 전하는 세기의 인생론

김형석 지음 | 값 22,000원

"소유했던 것을 주고 가는 것이 인생이다."
궁극의 휴머니즘, 세상을 바꾸는 교육, 선한 개인을 위한 정치까지 시
대의 은사가 시대의 청춘에게 바치는 이야기

호모 사피엔스

인류를 지배종으로 만든 문화적 진화의 힘

조지프 헨릭 지음 | 주명진·이병권 옮김 | 값 42,000원

"유인원 중에서 어떻게 사피엔스만이 문명을 이루고 번영할 수 있었
는가?" 인간 진화 가설의 패러다임을 바꾼 충격적인 도서!
하버드대학교 인간진화생물학과 조지프 헨릭 교수가 밝혀내는 인간
진화의 놀라운 역사

인식의 대전환

칸트의 코페르니쿠스적 전회

김혜숙 지음 | 값 24,000원

아시아인 최초 국제철학연맹 회장 김혜숙 교수가 쓴
《순수이성비판》의 가장 명쾌하고 우아한 해설
칸트 탄생 300주년을 기리는 국내 칸트 연구의 빛나는 성취
이화여대 김혜숙 명예교수가 40년간 연구한 칸트 철학의 정수

BOOK21

경제경영-인문

21세기북스는 급변하는 시대의 흐름 속에서 독자의 요구를 먼저 읽어내는 예리한 시각으로 〈칭찬은 고래도 춤추게 한다〉, 〈설득의 심리학〉 등 밀리언셀러를 출간하며 경제 경영 자기계발 분야의 독보적인 브랜드로서 자리매김했습니다.

f 21cbooks   ⓘ jiinpill21   📖 21c_editors

북이십일의 문학 브랜드 아르테는 세계와 호흡하며 세계의 우수한 작가들을 만납니다. 국내에 소개되지 않은 혹은 잊혀서는 안 되는 작품들에, 새로운 가치를 담아 재창조하여 '깊고 아름다운 책'을 만들고자 합니다.

f 21arte   ⓘ 21_arte   📖 staubin

는 대한민국의 외교 지평을 크게 확장하며, 경제적으로도 막대한 이익을 창출할 수 있는 기반을 마련했다.

북방정책의 성과는 남북 관계에도 큰 변화를 가져왔다. 대한민국은 북한의 주요 동맹국과 외교 관계를 수립하면서 북한을 협상 테이블로 끌어내는 데 주도권을 잡을 수 있었다. 노태우 정부는 북과의 대화를 통해 1991년 「남북기본합의서」를 도출했다. 이 합의는 남북이 상호 불가침을 선언하고, 서로의 체제를 인정하며 공존의 길을 모색하는 매우 중요한 전환점이 되었다.

이와 함께 '한반도 비핵화 공동 선언'이 이루어졌다. 남북 양측은 한반도에서 핵무기를 개발하거나 보유하지 않겠다는 약속을 통해 군사적 긴장을 완화했고, 한반도의 비핵화를 추구하기로 했다.

이 선언은 남북 관계에서 처음으로 양측이 평화와 안정의 기반을 마련한 중요한 외교적 성과였다.[●] 결과적으로, 대한민국의 독자적인 외교 전략은 북한의 우방국과 관계를

● 이때부터 '한반도 비핵화'라는 공식 용어가 등장했다.

맺고 북한과의 협상을 만들어내는 데 성공했다. 이러한 외교 전략을 원교근공遠交近攻이라 부른다. '멀리 있는 친구와는 교류하고, 가까이 있는 이웃과도 협력한다'라는 의미로, 노태우 정부가 남북 관계를 개선하고 외교적 성과를 거두는 데 핵심적인 전략이었다.

노태우 정부에서 소련, 중국, 동유럽 국가들과 적극적으로 수교하지 않았다면, 오늘날 우리가 누리고 있는 이들 시장과 경제적 이익은 뒤늦게 확보되었거나 아예 얻지 못했을 가능성이 크다. 노태우 정부는 현재의 시각으로 보면 매우 보수적인 성향을 지닌 정부였다. 대통령 역시 군부 출신이었고 주요 정부 인사들 또한 보수적이었다. 하지만 냉전 체제가 무너지고 해빙의 기운이 돌기 시작하자 노태우 정부는 이를 단순한 변화로 보지 않고 과감한 기회로 삼았다. 이 과정에서 대한민국은 사회주의 국가들과의 관계를 새롭게 정의하고, 국제사회에서의 외교적 지평을 대폭 넓히는 성과를 이뤘다.

김영삼 정부와 김대중 정부의 대북정책

1994년 7월 8일, 김일성 주석의 갑작스러운 사망으로 남북 정상회담이 무산되었다. 이는 남북 관계의 전환점이 될 수 있었던 중요한 기회를 잃은 사건으로 기록된다. 김영삼 대통령은 김일성 사망 직후 한반도의 긴장 고조를 우려하며 전군에 비상경계령을 내리고, 휴가 중인 군 장병들의 즉각 복귀를 명령하는 등 만일의 사태에 대비했다. 이러한 조치는 북한의 강력한 반발을 초래하며 남북 간 긴장을 더욱 고조시켰다.

당시 국내에서는 조문 문제를 둘러싸고 논란이 있었다. 일부 재야 단체와 학생 조직은 조문단 파견을 주장하며 애도 성명을 발표했고 전국의 19개 대학에서 김일성의 죽음을 애도하고 조문단 파견을 주장하는 현수막이 설치되었다. 이 과정에서 경찰과 충돌이 발생하며 일부 학생들이 연행되기도 했다.

정부는 이러한 조문 움직임을 일체 불허했다. 북한 역시 외국의 조문 사절을 받지 않겠다고 발표했다. 남북 관계는 급격히 냉각되었다. 1996년 강릉 잠수함 침투 사건과 북핵 문제 등으로 남북 간 군사적 긴장은 더욱 심화되었으며, 신뢰 구축과 협력의 가능성은 점차 줄어들었다.

김영삼 정부는 세계화 정책을 통해 대외 연결성의 중요성을 강조하였지만, 남북 관계에 있어서는 이념적 대립을 우선시하며 이전 정부가 이루어낸 협력 관계를 이어가는 데 실패했다. 이는 남북 간 신뢰와 소통의 창구를 약화시키는 결과를 초래했으며 한반도 평화를 위한 외교적 균형이 얼마나 중요한지를 다시 한번 보여주는 사례로 남았다.

김대중 정부는 노태우 정부의 북방 외교와 대북정책을 계승했고 이를 한층 더 발전시킨 햇볕정책을 통해 남북 관계를 새로운 단계로 도약시키고자 했다. 햇볕정책은 남북 간 화해와 협력을 기반으로 신뢰를 구축하고, 점진적 변화를 도모하겠다는 구체적이고 실용적인 전략이었다.

2000년 6월, 역사적인 남북정상회담이 성사되며 김대중 대통령은 대한민국 대통령 중 최초로 평양을 방문해 김정일 국방위원장과 만나 '6.15남북공동선언'을 발표했다. 이 선언은 남북이 자주적으로 통일 문제를 해결하고 상호 화해와 협력을 약속하며, 경제, 사회, 문화 등 다방면에서 교류를 확대하겠다는 내용을 담고 있었다.

6.15남북공동선언 이후 남북 간의 교류와 협력은 눈에 띄게 활발해졌다. 개성공단과 금강산 관광 사업 같은 상징적인 협력 사업이 추진되었고, 이산가족 상봉 같은 인도적 문제도 해결의 실마리를 찾기 시작했다. 김대중 정부의 노력은 남북 관계에 실질적인 진전을 가져왔으며, 한반도 평화를 위한 기반을 다지는 데 중요한 기여를 했다.

김대중 정부는 대북정책에서 한미 공조를 중심축으로 삼아 외교적 노력을 전개했다. 북한과의 대화를 통해 한반도 긴장을 완화하고자 했으며 동시에 미국과의 공조를 통해 국제적 신뢰를 구축하고 대북 협상의 효과를 극대화시켰다. 특히 클린턴 행정부와의 협력은 김대중 정부의 대북정책을 성공적으로 견인했다.

1994년에는 제네바합의를 통해 북한이 핵 프로그램을 동결하는 대신 미국과 국제사회가 경수로를 지원하기로 약속했다. 김대중 정부는 이 합의를 토대로 북한과의 관계 개선을 도모했고 동시에 미국과 긴밀히 협력해 북한이 합의를 이행하도록 압박했다. 예를 들어 클린턴 대통령과의 정상회담에서 남북 간의 대화가 제네바합의를 준수하는 데 필수적이라는 점을 강조하며, 대북 협상을 추진할 국제적 동력을 확보했다. 또한 한미 간 정례 협의체를 통해 북한 문제를 공유하고 정책을 활발히 조율했다.

클린턴 행정부는 김대중 정부의 햇볕정책을 적극적으로 지지하며 남북 대화를 뒷받침하는 입장을 견지했다. 1999년, 미국은 북한의 미사일 프로그램을 중단시키기 위해 대화를 제안했고 이는 김대중 정부의 대북 협상 전략과 맞물려 한반도의 평화 구도 구축에 기여했다.

한미 공조는 남북의 경제협력에도 중요한 역할을 했다. 금강산 관광과 개성공단 논의는 북한과의 직접적인 교류를 증대시키는 사업이었지만, 미국과의 공조가 없었다면 차질을 빚을 가능성이 높았다. 예를 들어, 금강산 관광이 본격화되던 시기에도 한미 간의 긴밀한 협력은 북한의 핵과 미사일 문제에 대한 공조체제를 유지하면서도 남북 협력을 병행하는 전략을 가능하게 했다.

김대중 정부의 한미 공조는 북한과의 협상을 지원하는

데 그치지 않았다. 남북 관계의 안정성을 국제사회에 보증하는 역할을 했고, 북한 문제 해결에 있어 한국이 주도권을 잡을 수 있는 기반을 제공했으며 6.15남북공동선언의 성공과 이후 남북 간 활발한 교류를 촉진하는 데 결정적인 역할을 했다.

노무현 정부의 남북 교류

진보 정부 10년 동안 남북 간의 교류는 금강산 관광과 개성공단을 중심으로 활발히 이루어졌다. 노무현 정부는 김대중 정부의 대북정책을 기반으로 남북 교류를 지속적으로 확대했다. 2007년 10월, 노무현 대통령과 김정일 국방위원장은 역사적인 두 번째 남북정상회담을 평양에서 개최했고이 회담에서 '10.4남북공동선언'이 발표되었다. 10.4남북공동선언은 6.15남북공동선언을 계승하여 남북 간 경제협력 강화, 군사적 긴장 완화, 교통·통신 인프라 구축 등을 합의하는 등 포괄적인 협력 방안을 담고 있었다.

노무현 정부는 개성공단과 금강산 관광 사업을 통해 남
북 간 경제적 의존성을 높여 정치적 갈등을 완화하는 전략
을 펼쳤다. 개성공단은 남북이 협력하며 상호의존하는 대
표적인 경제협력 사업으로, 남북 관계를 더욱 공고히 하는
역할을 했다. 2015년 기준 개성공단에서는 약 5만 4,375명
의 북한 근로자가 근무했으며, 상시 근무한 남측 인원은 약
800명이었다.

금강산 관광 사업 역시 남북 간의 신뢰 구축과 경제협
력에 큰 기여를 했다. 1998년 금강산 관광이 시작된 이후
2008년 중단되기까지 약 196만 명의 대한민국 국민이 금
강산을 방문했다.[53] 이와 같은 대규모 교류는 남북 관계의
진전을 이끌어내며 경제적·문화적 협력을 이루는 중요한
기반이 되었다. 금강산 관광은 남북의 긴장 완화에 기여했
으며, 개성공단은 남북의 경제적 연계를 강화하는 상징적
인 역할을 했다.

노무현 정부 시기에 북한의 핵 개발 문제로 한반도와 국
제사회의 긴장이 고조되었을 때, 노무현 정부는 다자협력
을 기반으로 외교적 해결책을 제시했다. 이 과정에서 탄생

한 것이 바로 6자회담이다. 6자회담은 남북한과 미국, 중국, 일본, 러시아 등 한반도 주변의 주요 이해 당사국이 참여한 협력외교의 산물로, 북한의 비핵화와 한반도 평화를 다자 협력의 틀 안에서 해결하려는 노력이었다. 이는 노무현 정부가 다자외교의 중요성을 인식하고, 협력외교를 통해 북한 문제를 국제적 차원에서 해결하고자 한 상징적인 성과다. 6자회담은 한미동맹을 기반으로 하면서도 중국과 러시아 같은 주변국의 협력을 적극적으로 이끌어내 외교적 해법을 도모한 사례로, 북한 핵 문제에서도 중요한 외교적 진전을 이루었다.

경제와 외교는 긴밀하게 연결되며 평화와 협력은 경제 성장을 촉진하는 긍정적인 선순환으로 작용한다. 노무현 정부 시기의 남북 관계 개선은 국내외 투자자들에게 한국 경제에 대한 신뢰를 제공하며 긍정적인 효과를 가져왔다. 이러한 신뢰와 안정된 대외 환경은 경제 성장의 중요한 동력이 되었으며, 그 결과 대한민국 1인당 국민소득은 2006년에 사상 처음으로 2만 달러를 돌파했다. 이는 남북 간의 긴장 완화와 평화 구축 노력이 한국 경제의 신뢰도를 높이고 지속 가능한 성장의 발판을 마련했다고 평가된다.

이명박 정부와 박근혜 정부의 대북 압박

그러나 이명박 정부가 출범하면서 대북정책은 이전 정부의
관여 기조에서 비핵화를 최우선 목표로 삼는 방향으로 전
환되었다. 이명박 정부는 '비핵·개방·3000' 구상을 통해
북한이 비핵화를 실천하지 않으면 경제적 지원이 어렵다는
원칙을 명확히 했다. 이러한 접근은 비핵화를 압박하여 한
반도 안보를 강화하려는 의도가 내포되어 있었다. 그러나
대화와 협력의 여지는 축소되었고, 남북 간 긴장이 높아지
는 결과를 가져왔다.

　이명박 정부는 이전 정부의 대북정책을 계승하지 않았
다. 2008년 금강산에서 발생한 남측 관광객 피격 사건은
남북 간 신뢰를 크게 훼손하며 금강산 관광 중단으로 이어
졌다. 이 사건은 분명 북한의 책임이 크지만, 이명박 정부의
강경한 대응 또한 남북 대화를 이어갈 가능성을 차단했다

고 본다. 개성공단 역시 이 시기에 여러 차례 운영이 중단 되며 남북 경제협력에 부정적인 영향을 미쳤다. 천안함 피격 사건과 연평도 포격 사건 등 군사적 충돌까지 잇따르면서 한반도는 다시 냉전 속으로 빠져들었다.

이명박 정부의 강경한 대북정책은 대화와 협력을 저해하고 남북 관계를 악화시켰다는 점에서 한계가 있었다. 이명박 정부의 대북정책이 북한의 비핵화를 목표로 한 전략적 변화였을 수는 있지만, 신뢰 구축과 경제협력의 연속성을 유지하는 데는 실패한 것이다. 외교의 관점으로 보면 이명박 정부의 대북정책은 대화와 상호 이해를 기반으로 하는 협력의 기회를 놓친 것으로 평가된다. 압박과 제재만으로는 북한의 태도를 변화시킬 수 없었다. 오히려 한반도에서 군사적 충돌이 발생하였고 전략적 불안정성이 높아졌다.

이명박 정부는 아시아 지역 외교에서 다자협력을 강화하려는 노력을 기울였다. 이명박 정부는 2009년부터 '신아시아 외교'를 추진하며 동남아시아국가연합과의 협력 강화에 중점을 두었다. 동남아시아 지역과의 경제협력을 강화하고, 한국이 아시아 경제 성장의 중심축이 될 수 있도록 외교적 노력을 기울인 것이다. 또한 2010년 서울에서 G20 정상회의를 개최했다. 그러나 다자외교와 지역 협력 강화에도 불구하고 남북 관계에서는 긍정적인 변화를 이끌어내지 못했다는 한계가 있었다.

박근혜 정부 역시 협력외교보다는 압박과 제재를 중시하는 강경 기조를 이어갔다. 박근혜 대통령은 '통일대박론'을 내세웠지만, 이는 남북 간의 대화와 교류보다는 북한의 변화를 강요하는 방향에만 초점이 맞춰져 있었다. 실제로 박근혜 정부는 북한의 핵 실험과 미사일 발사에 강하게 대응하며 국제사회의 대북 제재를 강화하는 데 주력했다. 하지만 이러한 정책은 남북 간의 대화를 단절시키고 협력외교의 가능성을 축소시켰다. 특히 2016년 개성공단 전면 폐쇄는 남북 경제협력의 상징이었던 개성공단마저 정치적 대립의 도구로 전락하게 만들었다.

그럼에도 불구하고 박근혜 정부는 '한반도 신경제지도 구상'을 통해 남북 경제협력과 동북아 평화 증진 계획을 제시했다. 한반도 신경제지도 구상은 남북 간 철도 연결, 전력망 협력, 에너지 협력을 통해 동북아시아 경제 공동체를 형성하겠다는 전략이었다. 이 구상은 비전 차원에서는 남북 경제 통합과 동북아 경제협력을 도모했다는 데 의미가 있다. 그러나 남북 관계 악화로 인해 실행 단계로 나아가지조차 못했다. 또한 통일대박론은 비전과 현실 사이에 큰 괴리를 불러일으켰다. 개성공단 폐쇄와 국제사회의 대북 제재 강화로 인해 남북 간 경제협력의 기반이 사실상 단절되면서 실현은 더욱 어려워졌다.

또한 박근혜 정부는 유라시아 이니셔티브Eurasia Initiative를 추진했다. 유럽과 아시아를 연결하는 경제적 교량 국가로서 한반도의 역할을 강화하려는 구상이었다. 이 구상은 러시아와 중앙아시아 국가들과의 협력 강화에 중점을 두었으며, 한국이 동북아시아와 유라시아 대륙을 연결하는 경제적·문화적 허브로 자리 잡는 것을 목표로 했다. 박근혜 정부의 유라시아 이니셔티브는 한국의 지정학적 위치를 활용해 경제적·외교적 역할을 확대하겠다는 비전 있는 정책으로 평가된다. 그러나 이 구상을 실현시키기 위해 남북 관계를 개선하고 어떻게 극복할 것인가에 대한 정책적 고민이 있었는지는 의문스럽다.

결과적으로 이명박 정부와 박근혜 정부 시기의 대북정책은 협력외교의 가치를 살리지 못한 채 제재와 압박만으로 문제를 해결하려 했다는 점에서 한계를 보였다. 두 정부 기간 한반도의 긴장은 고조되었고 남북 간의 불신은 깊어졌다. 대한민국의 협력외교가 남북 관계에 많은 영향을 받았다는 점은 시사하는 바가 크다. 대륙을 향한 구상은 남북 관계 개선이라는 뜀틀을 넘어야만 가능한 것이다. 협력외교는 상호 간의 이해와 신뢰를 바탕으로 실질적인 변화를 이끌어내는 것이지만, 이 시기 대북정책은 이를 외면한 채 냉전적 사고에 머물렀던 것으로 평가된다.

문재인 정부의 한반도 평화 프로세스

사상 초유의 탄핵 이후 들어선 문재인 정부는 한반도 평화 프로세스를 추진하는 과정에서 2018평창동계올림픽을 중요한 외교적 기회로 인식하고, 이를 통해 남북 대화를 재개하려는 외교적 노력을 기울였다. 김정은 위원장이 2018년

신년사에서 평창올림픽 참여 의사를 밝힌 일은 그 자체로 역사적인 사건이었지만, 문재인 정부가 남북 관계 개선을 위해 적극적으로 노력을 지속해 온 결과이기도 했다.

문재인 정부는 출범 초기부터 남북 간의 긴장을 완화하기 위한 다양한 전략을 모색했다. 특히 2017년은 북한의 핵실험과 미사일 발사가 잇따라 이루어지며 한반도와 국제사회에서 긴장감이 고조된 시기였다. 그럼에도 불구하고 문재인 대통령은 대화의 문을 닫지 않고, 국제사회와 긴밀한 협력을 지속했다. 문재인 정부는 평창올림픽을 평화의 기회로 만들기 위해 북한의 참여를 이끌어내는 데 외교적 노력을 집중했다.[54]

먼저 문재인 정부는 남북 간 긴장을 완화하기 위한 메시지를 꾸준히 발신했다. 문재인 대통령은 국제 무대에서 북한과의 대화와 협력을 강조했으며, 2017년 말까지도 북한이 평창올림픽에 참가할 수 있는 여건을 마련하기 위해 북한에 대한 포용적 메시지를 전달했고 김정은 위원장이 긍정적으로 응답할 수 있는 외교적 환경을 조성했다.

또한 미국, 중국, 러시아 등 주요 국가들과의 긴밀한 공조를 통해 국제사회의 지지를 확보했다. 2017년 후반, 북한의 도발에 강경하게 대응하던 미국과의 외교를 통해 북한의 평창올림픽 참여가 평화적 이벤트로 자리 잡을 수 있도록 설득했다. 문재인 정부는 한미 연합 군사훈련을 연기하는 결정을 내림으로써 북한이 군사적 위협을 덜 느끼고 올림픽에 참여할 수 있는 여지를 제공했다.

중국과의 협력도 중요한 역할을 했다. 중국은 북한의 최대 우방국으로, 북한의 외교적 결정에 중요한 영향을 미친다. 문재인 정부는 시진핑 주석과 대화하며 중국에서도 북한의 참여를 지지하도록 유도했고, 북한이 국제적 고립에서 벗어나 대화의 장으로 나올 수 있도록 장려했다. 문재인 정부의 일관된 노력은 김정은 위원장이 평창올림픽에 참가한다는 의사를 밝히는 데 중요한 배경이 되었다. 북한의 평창올림픽 참가는 남북 간 대화의 물꼬를 트는 계기가 되었고, 문재인 정부가 추구한 협력외교의 성과를 나타내는 상징적인 사건이었다.

문재인 정부는 이러한 외교적 성과를 기반으로 남북 관계뿐만 아니라 북미 관계 개선까지 이어지는 협력외교의 장을 마련했으며, 이를 통해 한반도 평화 프로세스를 진전시키는 외교적 노력을 지속해 나갔다.

문재인 정부는 한반도 평화 프로세스를 뒷받침하는 중요한 외교 전략으로 신북방정책과 신남방정책을 병행했다. 이 두 정책은 협력외교의 대표적인 사례로, 남북 관계가 경색된 상황에서도 국제사회에서 한국의 외교적 입지를 강화하는 데 크게 기여했다. 신북방정책은 노태우 정부의 북방 외교를 계승한 것으로, 한반도의 평화와 안정을 위해 러시아, 중국, 중앙아시아 국가들과의 협력을 강화하는 데 중점을 두며 이들 국가와의 관계를 더욱 긴밀히 했다.

2019년까지 한국과 중앙아시아 국가의 교역 규모는 약 70억 달러에 달했다. 이는 신북방 정책의 경제적 성과로 평가된다. 문재인 대통령의 2018년 러시아 방문 이후 양국 간 교역은 약 30퍼센트 증가해 2019년 기준 약 230억 달러에 이르렀다. 이러한 협력외교는 경제적 상호의존을 기반으로 북한 문제를 포함한 동북아 평화 프로세스를 안정적으로 유지할 수 있는 기반을 마련했다.

중국과의 관계에서도 협력외교가 중요한 역할을 했다.

2019년 기준, 한국과 중국 간 교역액은 약 3,000억 달러로, 중국은 한국의 최대 교역국으로 자리매김했다. 중국과의 협력외교는 북한 문제 해결에 있어서도 중국의 적극적인 참여를 유도하는 데 필수적이었다.

신남방정책은 동남아시아국가연합 및 동남아시아 국가와의 협력을 확대하는 외교 전략이었다. 동남아시아국가연합과의 경제협력은 문재인 정부 시기 크게 확대되었으며, 2019년 기준 한국과 동남아시아국가연합 간 교역 규모는 1,600억 달러에 달했다. 특히 베트남은 한국의 4대 교역국으로 부상하며, 신남방정책의 핵심 파트너가 되었다. 이러한 협력외교는 경제적 연대를 강화함으로써 동남아시아 국가의 지지를 확보하고, 평화 프로세스에 대한 국제적 신뢰를 구축하는 데 중요한 역할을 했다.

문재인 정부는 신북방정책과 신남방정책을 통해 유라시아와 동남아시아를 잇는 교량 국가로서의 역할을 더욱 강화하려 했다. 이 구상의 일환으로 유라시아 이니셔티브와 한반도 신경제지도 구상을 계승하며 남북 관계 개선이 동북아와 동남아시아의 평화와 번영에 기여할 수 있음을 강조했다. 이러한 협력외교는 북한 문제를 다루는 데 있어서도 경제적 연계를 바탕으로 한 포용과 대화의 기조를 유지하며 국제적 지원을 끌어내는 데 성공했다. 이 정책들은 한국이 경제적 협력과 정치적 대화를 통해 국제사회의 다양한 이해관계를 조정하고, 평화와 번영을 추구하는 중요한 역할을 할 수 있음을 보여준다.

역대 정부의 대북정책과 협력외교에 대해 논의하는 이유는 외교안보정책의 연속성이 국가의 장기적 이익을 위해 필수적이기 때문이다. 대북정책과 외교정책은 단순히 한 정권의 정치적 선택이 아니라, 국가의 전략적 목표를 달성하기 위해 일관된 노력이 요구되는 분야다.

그러나 한국의 대북정책은 정권이 교체할 때마다 큰 변화를 겪으며 연속성을 유지하지 못한 사례가 많았다. 특히 노태우 정부의 북방정책은 보수 정부의 외교적 업적임에도 불구하고 이후의 보수 정부(김영삼, 이명박, 박근혜, 윤석열)로 계승되지 못했다.

오히려 북방정책의 핵심 정신과 방향성은 진보 정부인 김대중, 노무현, 문재인 정부로 이어져 발전했다. 이러한 역설적인 상황은 대북정책의 연속성이 부족했음을 보여주며, 외교안보정책에서 정권 간 '이어달리기'가 얼마나 중요한지를 강조하게 만든다.

외교의 지속성, 가치인가? 국익인가?

가치와 국익을 바라보는 외교의 관점

민주주의는 대한민국 외교정책의 핵심 가치로, 국제 규범을 준수하고 이를 선도해야 할 필요가 있다. 대한민국은 한반도의 안정과 평화를 최우선 과제로 삼아야 하며, 이를 실현하기 위해서는 주변 국가와의 협력이 필요하다. 특히 남북 관계, 미중 경쟁, 경제적 상호의존 등 대한민국의 지정학적 현실은 외교정책에서 국익을 우선적으로 고려해야 하는 상황을 만들어낸다. 이러한 현실에서, 비민주주의 국가와도 국익 실현을 위해 협력해야 하는 경우가 불가피하게 발생한다. 따라서 외교정책에서는 민주주의 가치를 유지하되 국익을 위한 실용적 협력과 균형 있는 접근이 필요하다. 헌법의 지향점이 우리의 외교에 담겨야 한다.

외교는 본질적으로 국익을 실현하기 위한 수단이며, 국익을 외교보다 우선시하는 것이 타당하다. 외교정책은 민주주의 가치와 같은 이상적 목표를 존중해야 하지만 현실적으로는 국가의 이익을 보호하고 확대하는 데 초점이 맞춰져야 한다. 북한과의 협상에서는 한반도의 평화와 안정이라는 국익을 우선하여 실질적인 협력을 모색해야 하고, 비민주주의 국가와의 협력에서는 경제적 이익이나 안보적 목표를 현실적으로 검토해야 한다. 이러한 접근은 외교가 국가의 이상과 현실을 조화시키는 과정임을 보여준다. 결국, 국제정치의 현실에서 한국 외교는 헌법의 가치를 존중하면서도 국익을 우선으로 삼는 현실적이고 실용적인 접근이 필요하다.

이를 위해서는 세 가지 관점의 변화가 있어야 한다. 첫 번째, 현재 우리의 안보문화[55]는 건강한 정책 토론을 통해 문제를 해결하기보다는, 서로를 공격하고 망신을 주는 정쟁의 수단으로 전락해 있다.[●] 국가의 미래를 결정짓는 안보와 외교 같은 사안에서 건설적인 논의 대신 상대를 '빨갱이'나 '꼴통보수'로 낙인찍는 분열적인 정치 공세는 외교정책의 발전에 심각한 걸림돌이 되고 있다.

2018년 남북정상회담과 평양공동선언 이후, 남북 간의 평화와 협력을 지지하는 진영은 이를 긍정적으로 평가한 반면 일부 보수 진영에서는 이 회담을 "북한에 대한 굴욕적인 양보"로 규정하며 강하게 비판했다. 이러한 극단적인 논쟁은 국내 여론을 분열시키고, 한국의 대북정책에 대한 국제사회의 신뢰를 저해할 수밖에 없다. 정당한 논의 없이 이념적 대립만이 지속된다면, 우리는 한반도 평화라는 공동의 목표를 달성하기는커녕 국제사회에서 외교적 입지까지

● 안보문화(Security Culture)는 국가와 사회가 안보를 인식하고 대응하는 방식에 영향을 미치는 신념, 가치, 규범, 태도, 제도, 행동 양식의 총체를 의미한다. 이는 군사적 방어 능력뿐 아니라 정치적 제도, 사회적 합의, 경제적 안정, 외교적 협력 등을 포괄하며, 각국의 역사적 경험, 지정학적 위치, 정치 체제, 국제적 환경에 따라 고유하게 형성된다. 안보문화는 군사적 위협에 대한 대응뿐 아니라 경제, 환경, 보건, 사이버 안보 등 다양한 현대적 위협을 포함하는 포괄적 개념으로, 국가와 사회의 안보 정책과 국제 협력에 큰 영향을 미친다.

잃어버릴 위험에 처할 수 있다. 외교는 한목소리로 나아가야 할 분야이며, 이를 위해 성숙한 토론 문화가 절실하다.

두 번째로 외교의 '이어달리기' 정신이다. 김대중 정부는 보수 정부였던 노태우 정부의 대북정책과 협력외교를 이어받아 발전시켰다. 노무현 정부와 문재인 정부는 이를 계승하고 더욱 발전시켜 남북 관계 개선을 도모했다. 역설적으로 보수 정부는 자신들이 계승할 수 있었고, 계승해야 했던 보수 정권의 외교 성과를 계승하지 못했다. 노태우 정부는 1991년 「남북기본합의서」를 체결하며 남북 간 화해와 협력을 위한 초석을 다졌지만, 이후 보수 정부는 협력외교를 이어가지 못한 채 강경책으로 돌아섰다. 이는 정부 간 정책 연속성 부족의 문제를 보여준다.

김대중 정부는 햇볕정책을 통해 대북정책을 발전시켰고, 그 결과 2000년 첫 남북정상회담이 성사되었다. 노무현 정부는 2007년 2차 남북정상회담을 개최하며 협력외교의 기조를 지속했다. 문재인 정부 역시 2018년 세 차례에 걸친 남북정상회담을 통해 이러한 연속성을 유지하며 국제사회의 지지를 강화했다.

통계에 따르면, 김대중 정부 시기 남북 교역량은 1998년 약 3억 3,000만 달러에서 2003년 약 8억 달러로 두 배 이상 증가했다.[56] 노무현 정부 시기에는 개성공단과 금강산 관광 사업이 확대되며 남북 경제협력이 활발히 이루어졌다. 반면 보수 정권 시기에는 교류가 급격히 축소되었다. 2010년 이명박 정부가 5.24조치를 시행하면서 남북 교역은 전면 중단되었고, 이는 남북 관계의 후퇴를 야기했다.

세 번째로 중요한 것은 끊임없는 대화와 인식의 변화다. 국제관계에서 상대 국가를 제재하거나 억제하려는 강압적 태도는 단기적으로는 성과를 낼 수 있을지 몰라도, 장기적으로는 신뢰를 잃고 지속 가능한 협력을 이루기 어렵다. "제재는 게으른 자의 외교"라는 말처럼, 제재는 대화와 설득을 통해 관계를 개선하려는 적극적인 노력이 부족할 때 선택되는 수단일 뿐이다. 지속적이고 일관된 대화는 신뢰를 구축하고 오해를 해소하며 협력의 기반을 마련하기 위한 필수적인 과정이다.

물론 대화는 실패할 수도, 오랜 시간이 걸릴 수도 있다. 상대를 고정된 시각으로만 바라보는 태도를 버리고 상황에 따라 새로운 관점에서 유연하게 접근할 수 있도록 인식도 변화해야 한다. 한반도에서는 대화를 통해 문제를 해결하려는 노력이 군사적 억제나 제재보다 더 중요한 역할을 한다. 북한과의 관계에서도 반복적으로 확인되었듯 갈등의 근본적 해결은 상호 신뢰를 바탕으로 한 대화와 협력을 통해서만 가능하다.

1994년, 북한 핵 위기가 고조되었을 때 미국과 북한은 전쟁 직전의 상황이었다. 당시 클린턴 행정부는 북한을 군사적으로 응징하는 방안을 검토했지만, 지미 카터 전 대통령이 중재에 나서며 북한과의 대화가 성사되었다. 그 결과 1994년에 제네바합의가 이루어졌고, 북한은 핵 개발을 중단하고 경수로를 제공받는 대신 국제사회와의 관계 개선을 모색할 수 있는 기회를 제공받았다. 이 사건은 대화와 협상이 강압적인 군사 행동보다 더 효과적이라는 사실을 보여준다.

2018년, 문재인 정부는 북한과의 대화를 통해 한반도 긴장을 완화하고 세 차례의 남북정상회담을 성공적으로 개최했다. 그 결과 북한은 평창올림픽에 참가했고, 이는 남북 관계뿐만 아니라 국제사회에서도 한반도 평화의 새로운 전환점으로 평가받았다. 이 과정에서 대화와 설득을 통해 갈등을 완화할 수 있다는 점을 다시금 확인할 수 있었다. 한반도의 평화와 안정은 남북만의 문제가 아니라, 주변국들의 이해관계와도 밀접하게 연관되어 있기에 대화를 통한 다자외교의 중요성은 아무리 강조해도 지나치지 않다.

외교에 대화와 설득이 필요한 이유

지속적인 대화를 통해 상대방을 설득하고 공감대를 형성하는 자세는 우리 외교의 가장 강력한 무기다. 설득은 응징보다 오래간다. 한반도의 평화는 주변국과의 협력이 있어야 지속 가능한 안정으로 이어질 수 있기에, 북한뿐만 아니라 미국, 중국, 일본 등 한반도를 둘러싼 주요국과의 외교에서 대화는 필수적이다. 협력과 대화를 통해 평화의 틀을 구축하는 것이 곧 한반도 평화의 열쇠이자 동북아시아의 평화와 안정에 기여하는 길인 것이다.

우리는 한반도 평화를 반드시 실현해야 하며, 이를 위해 강한 의지와 단결된 힘으로 나아가야 한다. 이때 대화와 설득을 통한 외교는 그 어떤 강압적 수단보다 강력하고 지속 가능한 결과를 가져다줄 것이다. 우리의 외교는 전쟁이 아닌 평화를 목표로 해야 하며, 그 출발점은 끊임없는 대화와 협력에 있다.

문재인 대통령은 트럼프 대통령과의 회담에서 "노벨평화상은 트럼프 당신이 가지고 평화는 우리가 가지겠소"라고 말했다. 이 말은 단순한 유머를 넘어, 한반도 평화의 주도권을 우리가 직접 잡아야 한다는 중요한 메시지를 담고 있다. 이 발언은 외교의 진정한 목표가 평화라는 보편적 가치를 드러내고 있으며, 이를 주변국에 설득하는 것이 외교의 핵심이라는 점을 보여준다.

우리는 한반도의 평화가 우리에게만 중요한 것이 아니라, 동북아 전체의 안정과 번영을 위해 필수적이라는 점을 국제사회에 알리고 설득해야 한다. 특히 주변국에서 한반도 평화를 자신의 경제적·전략적 이익과 직결된 문제로 인식하게 만드는 것이 우리의 외교적 과제다. 문재인 대통령이 트럼프 대통령과의 회담에서 평화를 강조한 것처럼, 우리가 평화를 위한 구체적인 방안을 끊임없이 논의하고 주도할 때 비로소 주변국도 한반도 평화의 중요성을 깨닫고 협력하게 될 것이다.

한반도는 우리가 살아가는 공간이자 살아가야 할 공간이다. 동북아시아는 앞으로 더 치열한 외교의 장이 될 것이다. 한국과 미국, 일본의 협력은 앞으로 더욱 강화될 것이며 남북 관계가 적대적으로 변할수록 우리는 강대국의 국제정치에 더욱 큰 영향을 받을 것이다. 결국 동북아시아 국제질서에서 우리는 단순한 소비자가 될 수도 있다. 한국이 동북아시아 국제질서의 생산자로 나아갈 것인가, 아니면 강대국의 영향만 받는 소비자로 남을 것인가는 우리가 어떤 외교를 지향하느냐에 달려 있다.

한반도의 평화가 어떤 모습이어야 할지에 대한 고민도 필요하다. 우리의 외교 방향에 따라 결정될 것이다. 대한민국이 한반도의 평화와 안정을 위해 능동적으로 움직이지 않는다면, 그 누구도 움직이지 않는다. 이 점은 오늘날에도 매우 중요한 의미를 가진다. 대한민국의 역대 정부들은 이

넘이나 가치를 떠나 국익과 협력외교를 추구했을 때 진정한 의미의 국익을 확장할 수 있었다. 우리는 계속해서 외교 안보와 국익 외교를 추구해야 한다.

4부

민주주의와 외교,
그리고 외교력

국력은 단순히 영토와 자원, 인구 같은 물리적 요소에만 의존하지 않는다. 정치적 안정성과 부패 방지, 효율적인 통치 시스템이 국력 형성의 중요한 조건이다. 이를 통해 각국은 자원을 최적화하고 국민의 신뢰를 얻어 지속적인 발전을 이룰 수 있다. 그렇기에 자원, 인구, 영토보다 더 중요한 것은 국내정치의 안정성과 투명성이다. 경제력을 확장하고 국가의 잠재력을 극대화할 수 있는 정치적 역량, 민주주의와 그에 따른 투명한 시스템은 국력 강화를 위한 필수 조건이다.

민주주의와 외교

민주주의의 가치를 꽃피운 촛불 혁명

앞에서 국내정치와 국제정치의 가장 큰 차이점은 국내정치
가 헌법이라는 명확한 규범에 의해 규제되는 반면, 국제정
치에는 국가 간 정치행위를 규제하는 초국가적 헌법이 존
재하지 않는다는 점이라고 강조했다. 국제정치의 무정부
상태는 국제정치가 법적 구속력 없이 상호 관계 속에서 운
영된다는 것을 의미한다. 무정부 상태에서 각국은 외교와
국방을 통해 자국의 안보와 이익을 보호해야 한다. 외교는
국가의 중요한 국정 행위 중 하나로, 민주주의 국가에서는

헌법의 틀 안에서 수행될 수밖에 없다.

"대한민국의 모든 권력은 국민으로부터 나온다"라는 말은 국민이 국가 권력의 최종적인 주체라는 뜻이다. 따라서 국민의 의지를 바탕으로 구성된 정부는 헌법 체제 내에서 법을 준수하며 외교정책을 수행해야 한다. 오늘날 외교는 한 국가의 중요한 정책 수단이면서 동시에 헌법적 원칙과도 긴밀하게 연결되어 있다. 민주주의가 제대로 작동하는 국가일수록 국민의 의사를 반영하는 투명한 외교정책을 수립할 수 있으며, 이는 국제 무대에서 신뢰성과 안정성을 높이는 중요한 요소가 된다.

박근혜 정부는 권력을 남용하고 국정을 농단했다는 이유로 국민의 신뢰를 잃었고, 이에 국민은 촛불 시위를 시작했다. 촛불 시위는 전 세계가 놀랄 만큼 평화롭고 안전하게 법을 준수한 국민 저항 운동이었다. 촛불 시위는 전국적으로, 그리고 해외에 있는 교포 사회에서도 동시다발적으로 펼쳐졌다. 세계는 이를 '촛불 혁명'이라고 부르게 되었다.[57]

당시는 전 세계적으로 민주주의가 위기에 처했던 시기였다. 유럽에서는 극우 민족주의 세력이 폭력을 동원해 시위를 했고, 반이민 정서가 급격히 확산되었다. 배타적인 민족주의와 반지역주의가 강하게 퍼지면서, 영국은 유럽연합에서 탈퇴하기 위한 국민투표를 진행했다. 2016년 6월 23일 투표를 진행한 결과, 투표에 참여한 영국 국민의 51.9퍼센트가 탈퇴를 지지했다. 이로써 영국은 유럽연합을 떠나기로 했고, 이는 이후 브렉시트Brexit라는 명칭으로 불리게 되었다. 이 투표는 영국 사회에 정치적 · 경제적 분열을 가져왔으며, 특히 탈퇴를 지지한 사람들은 이민자 통제와 경제적 주권 회복을 주된 이유로 들었다. 그러나 브렉시트 이후 영국은 경제불황에 직면했고 유럽연합과의 복잡한 협상 과정이 이어졌다.

미국에서는 도널드 트럼프가 대통령으로 당선되며 미국 우선주의를 내세웠다. 트럼프는 2016년 11월 대선에서 예상 밖의 승리를 거두었고, 그의 당선은 글로벌 자유무역 질서와 다자주의에 대한 반감을 반영했다. 트럼프 대통령의 정책은 반세계화, 반자유무역, 반세계시민주의 정서를 바탕으로 이루어졌으며, 국제 협력보다는 자국의 이익을 최우선시하는 방향으로 나아갔다. 그는 파리기후협정에서 탈퇴하고, 북미자유무역협정^{NAFTA}을 재협상하는 등 미국의 이익을 극대화하는 정책을 펼쳤다. 미국우선주의는 세계무역기구 같은 다자간 협력 체제에 큰 충격을 주었고, 미국이 오랜 기간 주도해 온 글로벌 리더십이 후퇴하고 있음을 보여주었다.

브렉시트와 미국우선주의는 민주주의와 국제질서의 변화를 상징하는 중요한 사건이다. 민주주의가 후퇴하고 자국의 이익만을 좇는 경향이 강해지는 상황에서, 대한민국의 촛불 운동은 평화적이고 법치주의적인 국민 저항의 모범을 보여주었다. 세계 각국이 정치적 분열과 혼란 속에 있을 때 한국 국민은 평화로운 방식으로 민주주의를 지키고자 했고, 이는 박근혜 대통령의 탄핵과 문재인 정부의 출범으로 이어졌다. 대한민국에서 국민이 힘을 모아 헌법을 유린하고 권력을 남용한 대통령을 제도적인 시민운동으로 탄핵시키는, 역사상 유례없는 혁명을 이루어낸 것이다.

2017년 5월 10일, 문재인 대통령의 당선은 정권 교체 이상의 의미를 지닌다. 폭력이 아닌 평화적인 방법을 통해 헌정 질서를 회복한, 그야말로 민주주의의 가치가 살아 숨 쉬는 장면이었기 때문이다. 민주주의 역사를 되짚어보면, 시민운동에 의해 체제 전환이 촉발되고 그 과정 또한 절차적으로 완벽하게 진행된 경우는 매우 드물다. 이러한 점에서 대한민국의 촛불 혁명은 민주주의의 새로운 모델로 찬사를 받았다.

외교의 힘을 발휘하지 못했던 탄핵 시기

나는 이 역사적인 순간에 청와대 안보실 비서관으로 일하면서 대한민국 외교의 양면을 깊이 체감할 수 있었다. 박근혜 대통령의 탄핵 이후 정치적 공백기가 생겼고 대한민국의 외교와 안보는 심각한 위기에 직면했다. 2016년 말부터 2017년 초까지 이어진 네다섯 달 동안은 대한민국의 정상외교가 사실상 중단된 상태였다. 주요 외교 현안은 제때 처리되지 못했고, 외교적 협력의 연속성도 크게 위협받았다.

한반도를 둘러싼 국제 정세는 그 어느 때보다도 긴박하게 돌아가고 있었다. 북한의 핵 문제와 미사일 도발이 이어지면서 안보 위기가 고조되었고, 사드THAAD 배치 문제로 인해 중국과의 갈등도 심화되었지만 정부는 정상 외교의 공백 속에서 적절한 대응을 하지 못한 채 시간만 보내야만 했다. 외교적 공백은 동맹국과의 신뢰 문제로도 이어질 수 있었고, 국제사회에서 대한민국의 위상 역시 위험에 처할 수 있었다.

당시 대한민국의 외교와 안보 상황은 그야말로 절망적이었다. 남북 관계는 적대적 긴장이 최고조에 달해 있었고, 북한은 핵과 미사일 도발로 한반도 안보에 심각한 위협을 가했다. 남북 간에 어떤 형태의 소통도 불가능한 상황에서, 한국 정부는 실질적으로 북한의 도발에 대응할 방법을 찾지 못한 채 무력감에 빠져 있었다.

한중 간 외교적 갈등은 경제적으로도 엄청난 피해를 초래했다. 중국은 사드 배치에 반발해 한국에 전방위적인 경제제재를 가했고, 그 피해는 관광, 유통, 문화 산업에서 두드러졌다. 중국 정부는 한국 여행을 사실상 금지하면서 2016년 약 800만 명에 달했던 중국인 관광객 수는 2017년에 400만 명으로 급감했다. 관광업계는 막대한 타격을 입었으며, 그로 인한 경제적 손실은 약 7조 원으로 추산되었다. 관광업뿐만 아니라 유통업계도 심각한 피해를 입었다. 갑작스러운 규제 강화와 불매운동으로 인해 롯데그룹은 중국 매장의 90퍼센트 이상을 중단해야 했다.

한국 문화 산업 역시 큰 타격을 받았다. 한류 콘텐츠 수출이 막히고, 한국 연예인의 중국 활동에 여러 제재가 가해지면서 엔터테인먼트 업계도 큰 손실을 입었다. 2017년 한국콘텐츠진흥원이 발표한 자료에 따르면, 사드 배치 이후 한국의 문화 콘텐츠 수출이 약 30퍼센트 감소했으며, 그로 인한 경제적 손실 역시 수조 원에 달했다.[58] 이처럼 사드 배치는 외교적 갈등과 함께 경제적으로도 막대한 영향을 미쳤고, 당시 정부는 중국의 경제제재에 대응하지 못하고 있었다.

한일 관계 또한 매우 경색되어 있었다. 2015년 박근혜 정부가 체결한 한일 위안부 합의는 양국 관계를 안정시키는 돌파구로 기대되었으나, 시간이 지나면서 그 한계가 드러났다. 한일 위안부 합의는 피해자와 국민의 충분한 동의 없이 이루어진 것으로 비판받았고, 국민감정은 점차 악화되었다. 2016년 말, 부산의 일본 영사관 앞에 위안부 소녀상이 설치되면서 여론이 폭발했다. 이는 한국 국민이 위안부 합의에 느끼고 있던 분노와 일본에 대한 강한 저항감이 표출된 상징적 사건이었다. 수많은 시민단체와 국민은 일본의 위안부 문제에 대한 사과와 배상이 충분하지 않다고 느끼며, 일본 정부에 대한 불신을 표출했다.

이러한 상황에서 한일 간의 외교적 돌파구를 찾는 것은 사실상 불가능해 보였다. 외교적으로는 협상의 여지가 거의 없었고, 정치적 신뢰 회복 역시 요원한 과제가 되었다. 이 사건은 곧바로 양국의 외교적 갈등으로 번졌다. 일본 정부는 이를 강하게 항의하며 주한 일본 대사를 소환하는 극단적인 조치를 취했다. 일본은 위안부 소녀상이 한일 위안부 합의 정신에 어긋난다고 주장했고, 갈등이 격화되며 외교적 소통의 통로는 거의 차단되었다.

상대적으로 안정적이라고 할 수 있는 것은 한국과 러시아의 관계 정도였을지도 모르겠다. 하지만 그조차도 국제 정세 속에서 크게 부각되지 못했고, 한국이 직면한 다자간 외교적 난관을 해결하는 데는 한계가 있었다. 북한의 위협은 지속되었고, 중국의 경제제재는 우리 경제를 위협했다. 한일 간의 갈등은 외교적 협력의 가능성을 차단했고, 미국에서는 트럼프 대통령의 당선으로 인해 한미 고위급 소통이 어려워졌다. 대한민국 외교는 혼란 속에 방치되었고, 외교적 돌파구를 마련할 길이 요원해 보였다. 세계는 대한민국을 불안하게 바라보고 있었으며, 대한민국 외교의 미래는 그 어느 때보다 어두웠다.

민주주의, 외교의 힘

촛불 혁명에서 보여준 국민의 힘은 대한민국 외교를 다시 세울 수 있는 강력한 원동력이 되었다. 문재인 정부는 촛불 민심에 의해 탄생한 정권으로, 국민의 절대적인 지지와 민주주의적 정당성을 바탕으로 외교적 난관에 맞설 수 있었다. 평화로운 촛불 혁명을 통해 탄생한 새로운 민주 정권은 전 세계에 깊은 인상을 남겼다. 대한민국은 민주주의의 가치를 실현한 국가로서 자리매김했고, 여러 나라의 정상과 주요 언론은 대한민국을 민주주의의 희망으로 칭송했다.

촛불 혁명은 국내정치의 변화에서 그치지 않고, 대한민국의 국제적 위상을 높이는 중요한 전환점이 되었다. 2017년 7월, G20 함부르크 정상회담에서 독일의 앙겔라 메르켈Angela Merkel 총리는 대한민국의 민주주의가 보여준 평화적인 저항에 감탄을 표했고, 프랑스의 에마뉘엘 마크롱 대통령 역시 민주주의의 본보기라고 칭송했다. 주요 언론에서도 대한민국은 민주주의의 이상을 실현한 사례라고 평가하며, 촛불 혁명이 민주주의에 새로운 희망을 제시했다고 전했다.[59] 이 같은 찬사는 대한민국 외교에 긍정적인 영향을 미쳤고, 국제사회에서 대한민국의 신뢰성을 높이는 계기가 되었다.

나는 대통령 비서관, 그리고 외교부 1차관으로서 외교 현장에서 이러한 찬사와 감동을 생생히 목격했다. 대한민국의 민주주의가 국제사회에서 어떤 가치를 지니는지 실감할 수 있었다. 그들의 진심 어린 찬사는 대한민국이 민주주의적 절차를 존중하는 국가로서 세계에 신뢰를 주고 있다는 것을 상기시켜 주었다. 더하여 이러한 신뢰는 외교 무대에서 우리의 발언권을 강화시키는 중요한 원동력이 되었다. 정치학자로서 나는 민주주의의 이상이 국제사회에서 얼마나 중요한 역할을 하는지를 뼈저리게 느꼈다. 우리 국민이 이룬 민주주의의 성숙함은 외교의 힘으로 이어졌고, 그 과정에서 한국 외교가 세계 무대에서 어떤 위치에 서 있는지를 생생하게 목격했다.

외교는 국민의 의지를 반영할 때 비로소 그 힘을 발휘한다. 반대로 민주주의가 약화되면 외교는 힘을 얻지 못한다. 전두환 정권 당시 일어난 광주민주화운동 탄압은 국제사회에서 비판받았으며, 한국의 국제적 이미지와 외교적 신뢰에 큰 타격을 주었다. 민주주의의 결핍은 외교적 고립을 초래할 수 있음을 보여준 대표적인 사례다.

대한민국은 동북아시아에서 유일하게 평화적이고 민주적인 선거를 통해 정권 교체가 이루어진다. 중국과 북한은 일당독재 체제 아래 있으며, 일본은 제2차 세계대전 이후 자민당이 장기 집권을 이어오고 있다. 한국의 민주주의는 독재에 맞서 싸운 국민의 피와 희생으로 이룩한 소중한 결실이다. 힘겨운 투쟁 끝에 얻어낸 민주주의야말로 대한민국 외교의 진정한 힘이며, 우리가 세계 무대에 자랑스럽게 설 수 있는 이유다. 우리의 민주주의가 강할 때, 우리는 그 누구보다 당당하게 외교적 목소리를 낼 수 있다.

국민의 목소리가 정치에 제대로 반영되면, 강대국이든 약소국이든 우리는 그 앞에서 주눅 들지 않고, 때로는 자신감 있게, 때로는 따뜻하게 대처할 수 있다. 문재인 대통령은 첫 수석 보좌관 회의에서 '피플 파워People Power'를 강조했다. 주요 국가에 특사를 보낼 때도 피플 파워를 강조하며 외교는 국민의 뜻을 대변해야만 한다고 못 박았다.

외교는 기업과 국민이 그 역할을 수행하기도 하지만, 국가 간 외교는 본질적으로 전문가인 외교관이 담당한다. 그러나 전문가 집단 역시 헌법 체계 안에서 활동하는 만큼 외교관은 국민의 이익을 대변해야 하며, 국민이 무엇을 원하는지를 명확하게 이해해야 한다. 이것이 오늘날의 시대정신이다.

외교는 헌법과 국민으로부터 고립되거나 단절되어서는 안 된다. 경제 발전, 국방력 강화, 문화 융성 모두 국가의 힘을 강화하는 중요한 요소지만, 대한민국 외교의 가장 큰 힘은 바로 민주주의다. 우리가 다른 나라와 마주할 때 당당할 수 있는 이유는 국민의 뜻을 대변하는 민주적 정당성 덕분이다. 민주주의가 약해지면, 외교적 발언권과 신뢰도도 약화될 수밖에 없다.

외교 현장에서 국민의 지지를 받는 지도자는 강력한 설득력을 바탕으로 상대국과의 협상에서 유리한 입지를 차지한다. 1980년대 후반 독일의 헬무트 콜$^{Helmut Kohl}$ 총리는 통일을 향한 독일 국민의 지지를 등에 업고 소련의 미하일 고르바초프$^{Mikhail Gorbachev}$와의 협상에서 당당하게 독일 통일을 추진할 수 있었다.

반면, 국내에서 지지받지 못한 지도자는 설득력에서 한계를 경험한다. 1990년대 초반 러시아의 보리스 옐친$^{Boris Yeltsin}$ 대통령은 경제 위기와 정치적 혼란으로 인해 지지율이 급격히 하락했다. 그 결과 외교 무대에서 그의 입지는 약해졌고, 국제사회에서 러시아의 목소리는 작아졌다. 이는 자국민의 지지를 확보하지 못한 상황에서는 국제 협상에서도 상대국을 설득하기 어렵다는 것을 보여준다. 이런 상황에서 상대국은 '당신이 말한 약속을 지킬 수 있는가?'라는 의문을 품을 수밖에 없다.

국민의 지지와 성원, 그리고 공감이 부족한 외교는 21세기에 더욱 도전적일 것이다. 글로벌화와 정보의 빠른 전달로 인해 국내정치 상황은 즉각적으로 외교 무대에 반영된다. 국민의 지지가 뒷받침되지 않은 외교는 상대방에게 약점으로 작용할 수밖에 없다는 점을 잘 보여준다.

K의 힘

세계로 나아가는 K의 힘

최근 전 세계적으로 K-팝, K-컬처, K-코스메틱, K-바이오 등 다양한 'K'가 주목받고 있다. 표면적으로 'K'는 'Korea'를 뜻하지만, 그 이면에는 국가명을 넘어서 우리의 독특한 가치와 특성을 함축하고 있다. K 안에는 우리의 자율성, 혁신성, 개방성, 그리고 투명성이 담겨 있으며, 이러한 요소들이 한국을 글로벌 무대에서 돋보이게 만드는 원동력이 된다.

보편성의 관점에서 K는 글로벌 사회의 흐름을 반영하는 상징으로 자리 잡았다. K-팝은 이제 특정 국가의 장르를 넘어 글로벌 트렌드가 되었다. K-팝이 한국만의 특성을 유지하면서도 글로벌 대중이 쉽게 공감할 수 있는 보편적인 메시지를 전달하고 있음을 보여준다. 이처럼 K는 글로벌한 감각과 연결되어 보편적인 가치를 추구한다.

그러나 K의 고유성은 한국 사회의 독특한 역사적·문화적 맥락에서 비롯된 자율성과 혁신성에 뿌리를 두고 있다. 한국은 짧은 시간 내에 급격한 경제 성장을 이루었고, 그 과정에서 독창적인 아이디어와 기술을 개발했다. K-바이오 산업의 급성장은 한국이 의료와 생명과학 분야에서 전 세계적으로 주목받게 된 대표적인 사례다. 특히 코로나19 때 알려진 K-방역 시스템은 자율적이면서도 투명한 공공 정책과 기술 혁신이 결합된 사례로 세계 각국이 한국의 시스템을 모델로 삼으려 했다. 따라서 'K'는 한국 고유의 자율성과 혁신을 바탕으로 전 세계적으로 통용되는 보편적 가치를 구현해 내는 상징이라 할 수 있다.

우리나라는 외국인에 대한 개방성 또한 아시아에서 독보적이다. 특히 외국인에게 지방선거 투표권을 부여하는 것은 다른 아시아 국가들과 차별화되는 중요한 점이다. 한국은 2005년부터 영주권(F-5 비자)을 가진 외국인에게 지방선거선거권을 부여해 왔다. 2022년 지방선거에서는 약 12만 6,000명의 외국인이 투표 자격을 가졌다. 이러한 선거권은 일본 등 다른 나라에서는 찾아보기 어려운 제도다. 일본은 경제적으로 우리나라보다 앞서 발전했지만, 외국인의 정치 참여 기회는 무척 제한적이다. 일본은 외국인에게 선거권을 부여하지 않아 외국인들이 정치적 의사결정 과정에서 소외되는 경우가 많다.

반면 한국은 공직선거법 제15조에 따라 일정 요건을 충족하는 외국인에게 지방선거 선거권을 부여하고 있다. 18세 이상의 외국인 중 영주체류자격을 취득한 지 3년이 경과하고, 해당 지방자치단체의 외국인등록대장에 등재된 경우 지방의회 의원 및 단체장의 선거권을 가질 수 있다. 이를 통해 한국은 외국인을 지역사회의 중요한 일원으로 인정하며, 그들의 정치적 참여를 보장하는 것이다.

외국인 노동자들은 한국 경제에서 중요한 역할을 하고 있지만, 이들의 인권 보호와 노동 환경 개선은 지속적으로 논의되는 사안이다. 한국의 외국인 노동자 수는 2021년 기준 약 230만 명으로, 그중 상당수가 제조업과 농업 분야에서 일한다. 한국의 개방성과 더불어 외국인 노동자에 대한 인식과 제도적 보호는 앞으로 더욱 중요한 문제로 다뤄질 필요가 있다. 이 모든 것을 고려할 때, 한국의 개방형 정치 체제와 문화적 포용성은 외국인들이 한국 사회의 중요한 일원으로 자리 잡을 수 있는 기반을 마련하고 있다.

우리나라의 IT산업과 인터넷 속도는 '빛의 속도'라는 말이 딱 어울린다. 나는 2015년부터 2016년까지 덴마크 코펜하겐대학에서 교환교수로 연구년을 보냈는데, 그때 인터넷 설치 경험은 충격적이었다. 이사한 아파트에 인터넷을 설치하는 데 무려 한 달이 걸렸다. 그때의 기다림을 돌이켜보면 마치 인터넷이 과거의 유물처럼 느껴지기도 했다.

지금도 인터넷 설치에 2주에서 4주가 걸리는 나라가 흔하다고 하니, 외국인들이 한국에 와서 가장 놀라는 것 중 하나가 인터넷이라는 점도 그럴 만하다. 한국에서는 클릭 한 번이면 설치 기사님이 와서 순식간에 초고속 인터넷을 연결해 준다. 그러니 외국인 친구들이 처음 한국에 와서 "진짜야?"라고 묻는 것도 이해가 간다. 또한 대한민국은 세계에서 가장 빠른 인터넷 속도를 자랑하는 나라 중 하나다. 이 사실을 알고 나면 '인터넷은 당연한 것'이라고 생각했던 일상마저 감사하게 느껴질 것이다.

반대로 우리가 외국에 나가면 한국에서 당연하게 여겼던 것들이 불편하게 느껴질 때가 많다. 한국의 초고속 인터넷뿐만 아니라, 편리한 교통 시스템, 효율적인 행정 서비스 등은 우리나라의 성장과 혁신을 지탱하는 기본적인 제도와 시스템이다. 이러한 장점이 생활에 깊이 녹아들어 있기에 우리는 그 가치를 쉽게 잊어버리곤 하지만, 외국에서 생활해 보면 그 차이를 절감하게 된다. 한국의 혁신적이고 자율적인 시스템은 단순히 기술적 성과에 그치는 것이 아니라, 한국적인 가치와 고유성이 결합되어 형성된 것이다. K-팝이 전 세계적으로 인기를 끌 수 있었던 이유도 서양 문화를 그대로 수용한 것이 아니라, 우리만의 방식으로 재해석하고 고유한 문화를 담아냈기 때문이다. BTS 같은 아티스트의 성공은 그들의 음악에 담긴 한국적 요소와 글로벌 보편성을 성공적으로 조화시킨 대표적인 사례다.

보건 위기에 강한 K의 힘

우리는 코로나19라는 전례 없는 팬데믹 시대를 겪으며 전 세계적인 보건 위기를 경험했다. 전문가들에 따르면, 향후 또 다른 팬데믹, 이른바 코로나29, 코로나39 같은 위기가 찾아올 가능성도 존재한다. 이런 보건 위기 속에서 나는 외교부 1차관으로서 그 현장을 경험했다. 우리는 경제적 능력과 산업적 역량, 자율적 혁신 덕분에 다른 국가보다 빠르고 효과적으로 코로나19에 대응할 수 있었다. 한국은 하루에 최대 50만 개 이상의 마스크와 진단 키트를 생산할 수 있었고, 바이오 백신 생산에서도 세계적인 리더가 되었다.

또한 3T 정책이라 부르는 검사Test, 추적Trace, 치료Treat 시스템을 빠르게 가동해 감염 확산을 방지하는 데 성공했다. 이 시스템 덕분에 한국은 치명률을 낮추고 확진자 수를 효과적으로 관리할 수 있었다. 실제로 대한민국의 치명률은 2021년 기준 1.3퍼센트 정도로 많은 선진국보다 훨씬 낮은 수치였다. 정부와 시민의 협력으로 한국은 방역 모범 국가로 자리매김했고 K-방역은 전 세계의 주목을 받았다.

미국과 이탈리아 등 선진국에서도 한국의 방역 노하우를 배우고자 했고, 우리는 그 경험을 책으로 엮어 배포하며 전 세계에 K-방역의 모델을 공유했다. 2020년 한국은 아프리카의 에티오피아, 중남미의 콜롬비아와 브라질, 그리고 미국을 비롯한 여러 국가에 마스크와 진단 키트 등 방역 물품을 지원했고 이는 우리나라의 국제적 영향력을 보여주는 상징적 사건이자 비전통적인 안보 영역인 보건 안보에서 우리의 역할이 얼마나 커졌는지를 확인하는 기회가 되었다. 대한민국의 방역 역량과 노하우가 세계의 기준이 되었다는 점에서, 우리는 더욱 넓어진 어깨로 글로벌 무대에 설 수 있음을 실감했다. 이 모든 경험은 한국이 안보 위기에도 대응할 수 있는 국가로 자리 잡았다는 것을 보여준다. 우리는 앞으로도 이러한 위기에 대응할 수 있는 역량을 유지하며, 세계 무대에서의 리더십을 이어갈 준비가 되어 있다.

K의 힘, 즉 코리아의 힘은 대한민국의 소프트파워를 상징하는 중요한 개념이다. 소프트파워는 군사력이나 경제력 같은 물리적 힘이 아니라, 문화적 매력과 가치를 통해 다른 나라와 사람들에게 긍정적인 영향을 미치고 설득하는 힘을

의미한다. K-팝, K-드라마, K-바이오 등은 경제적 성과로 끝나지 않고 한국의 혁신성과 개방성, 그리고 민주적 가치가 자연스럽게 녹아든 문화적 상징이 되었다.

한국은 K-콘텐츠와 기술력으로 전 세계에 자국의 이미지를 강화하고 있으며, 이는 외교에서도 중요한 도구가 된다. 대한민국은 보편성을 추구하면서도, 고유한 문화를 전 세계에 확산시키며, 다른 국가와 긍정적이고 지속적인 관계를 구축해 왔다. 이러한 K의 힘은 한국 외교의 핵심 자산이며, 앞으로도 글로벌 사회에서 영향력을 발휘하게 해주는 중요한 원동력이 될 것이다.

국민을 위한 외교, 국민이 주인인 외교

국제사회에서 목소리를 높일 수 있는 외교

대한민국 외교의 본질은 국민 그 자체다. 외교는 국민의 안전과 권리를 보호하기 위해 존재하며, 국민이 외교의 주인공이 되어야 한다. 외교를 정부의 독립된 영역으로 생각하는 것은 옳지 않다. 국민이 빠진 외교는 공허한 망상에 불과하며, 국민을 위한 실질적인 보호와 이익을 추구하지 않는 외교는 존재할 수 없다. 외교는 국제관계와 협상을 통해 대한민국 국민을 지키고, 그들이 어디에 있든 보호할 의무를 다하는 것이다.

한국 국민은 언제 어디서든 국가의 보호를 받는다. 해외여행을 가서 비행기가 현지에 착륙하자마자 핸드폰을 켜면 가장 먼저 받는 문자는 외교부에서 발송하는 안전 안내 문자다. 실제로 "대한민국 외교부입니다. 현지 상황을 주의하시고, 긴급 상황 발생 시 영사콜센터(+82-2-3210-0404) 또는 주재국 대사관으로 연락 바랍니다"라는 내용의 문자가 도착한다. 이 문자는 국민이 언제나 국가의 보호망 안에 있다는 것을 상기시켜 준다. 재난이나 전쟁 상황이 발생하면 국적기나 군용기를 보내 대한민국 국민의 안전한 대피를 책임지는 것도 외교의 중요한 역할이다. 이는 선택이 아닌 의무이며, 우리나라가 글로벌 무대에서 국민을 보호할 수 있는 힘을 가지고 있음을 보여준다.

국민을 섬기는 외교는 선택의 문제가 아니라, 외교의 근본적인 목적이다. 외교는 국민의 안전과 복지를 보호하고, 삶의 질을 높이기 위해 존재한다. 경제적 이익을 추구하고, 국가 안보를 지키며, 민주주의 같은 보편적 가치를 보호하는 모든 외교 활동의 중심에는 국민이 있어야 한다. 외교는 국가의 시대정신을 대변하고, 평화와 공존을 지향하는 가치를 실현하는 도구로서 기능한다. 그리고 이는 지속적으로 추구해야 할 국가의 기본 책무다.

대한민국의 외교는 국가의 역량을 바탕으로 국제사회와 함께 성장해 왔다. 2024년 대한민국 외교부 예산은 4조 3,000억 원 정도로, 이는 국제기구 기여금과 공적개발원조 ODA 확대에 초점을 맞추고 있다. 외교 예산은 증가했지만, 이를 통해 대한민국이 글로벌 무대에서의 영향력을 강화하고 있다는 것을 보여준다.

대한민국은 유엔 분담금에서 세계 9위 수준을 유지하고 있으며, 이는 G7 국가와 중국을 제외하면 상당히 높은 기여도에 속한다. 2024년 대한민국의 유엔 분담금은 약 8,100만 달러로, 이러한 기여는 한국이 국제 평화, 안보, 그리고 인권 보호에서 중요한 역할을 하고 있음을 나타낸다.

대한민국은 기후변화 대응에서도 글로벌 파트너로서 중요한 역할을 하고 있다. 문재인 정부는 2021년 '2050 탄소중립'을 선언하고, P4G서울정상회의를 주최해 전 세계 지도자들과 기후 변화 대응을 위한 협력을 촉진했으며, 2030년까지 온실가스 배출량을 2018년 대비 40퍼센트 감축하겠다는 국제적 공약을 했다. 녹색기후기금^{GCF} 본부를 유치한 것 또한 한국이 기후변화 대응을 위한 국제적 협력의 중심지로서 자리매김한 것을 의미한다.

그러나 윤석열 정부는 이러한 기후 정책을 유지하기보다는 후퇴시키고 있다는 비판을 받았다. 윤 정부는 기후변화 관련 국제 약속을 유지한다고는 했으나 구체적인 행동 계획이나 공약 이행에 있어 의지가 약화되었다고 평가된다. 대한민국이 국제사회에서 쌓아온 기후 리더십이 퇴색될 수 있다는 우려를 낳고 있는 것이다.

우리는 정부의 국제 약속 이행을 주의 깊게 지켜봐야 한다. 대한민국 외교는 외교적 수사에 그치지 않는다. 국제적으로 중요한 역할을 실현해 나가며 국제사회의 신뢰를 얻고 국민의 이익을 보호하는 데 기여해야 하기 때문이다.

아시아 국가와 함께 성장하는 외교정책

대한민국은 개발도상국, 특히 동남아시아와 중앙아시아 국가들과의 협력을 통해 상호 성장을 이루려는 노력을 지속하고 있다. 이를 바탕으로 한국은 이들 국가에 다양한 기반 시설을 지원했고 상호 이익을 도모하는 전략을 강조해 왔다. 문재인 정부는 신남방정책을 통해 이러한 목표를 구체적으로 추진했다. 신남방정책은 동남아시아 국가들과의 협력을 강화하기 위한 종합적인 접근을 포함하며, 경제, 인프라, 교육, 문화 등 다방면에서 동반 성장을 목표로 했다.

문재인 정부는 동남아시아국가연합과의 관계를 대폭 강화하면서, 동남아시아국가연합과의 교역액을 2019년 기준 1,600억 달러로 확대했고, 이를 통해 한국의 주요 교역국인 베트남과 인도네시아와의 협력이 눈에 띄게 강화되었다. 베트남과의 교역은 약 230억 달러로 성장했으며, 인프라 프로젝트와 스마트 시티 구축 등 다양한 분야에서 지원이 이루어졌다.

또한 한국은 공적개발원조를 통해 동남아시아와 중앙아시아의 개발도상국에 직접적인 지원을 확대했다. 2021년 한국의 공적개발원조 예산은 약 3조 3,000억 원에 달했으며, 이를 통해 교육, 교통, 에너지 인프라 같은 중요한 기반

시설 구축에 기여했다. 이러한 지원은 해당 국가들의 성장뿐 아니라, 한국의 경제적 이익과 외교적 입지를 강화하는 중요한 역할을 했다.

그러나 윤석열 정부는 신남방정책을 계승하지 않고 '자유, 평화, 번영'을 위한 전략으로 외교정책의 방향을 조정했다. 이 전략은 동남아시아뿐 아니라 더 넓은 인도-태평양 지역을 대상으로 하며, 안보와 경제협력을 동시에 강화하려는 목적으로 추진되고 있다. 이로 인해 동남아시아국가연합 국가들과의 경제협력보다는 안보협력과 전략적 파트너십에 무게가 실리고 있다.

특히 윤석열 정부는 기존의 경제협력을 다각화하는 대신 안보적 측면을 강조하며 미국과의 동맹을 강화하고 중국을 견제하는 방향으로 외교 전략을 전환하고 있다. 이러한 변화는 동남아시아 국가들과의 경제협력이 약화될 수 있다는 우려를 낳고 있으며, 문재인 정부에서 추진되었던 구체적인 인프라 협력이나 경제적 성과가 줄어들 가능성도 존재한다.

대한민국의 평화와 성장은 동남아시아 국가와의 동반 성

장 없이는 완성될 수 없다. 이 국가들과의 협력은 한국의 경제적 도약을 위한 중요한 밑거름이며, 신남방정책은 상호 발전의 중요한 기틀이 되었다.

코스모폴리탄이 되자

세계 시민의 사고가 필요한 때

현대의 외교는 더 이상 외교관만의 일이 아니다. 세상은 복잡해졌고 그에 따라 외교의 범위도 넓어졌다. 팬데믹 시기에는 의료인과 보건 전문가들이 보건 외교를 이끌었고, 재난이 발생하면 재난 전문가들이 외교의 일선에 선다. 이는 외교관의 역량이 부족해서가 아니라, 세계가 다양한 문제를 다루어야 하기 때문이다. K-컬처가 전 세계적으로 확산되고 찬사를 받는 것도 외교의 새로운 모습이다. 문화 외교는 공무원만으로는 이루어낼 수 없는 영역이다.

경제도 마찬가지다. 경제외교는 외교관과 기업인, 기술 전문가, 학자들이 함께 협력하며 국가 경제를 증진시키는 중요한 역할을 하고 있다. 다양한 분야에서의 협력과 국민의 참여가 뒷받침될 때 국익을 최대로 실현할 수 있다. 이러한 시대적 흐름 속에서 우리 모두 외교관이라는 생각을 가져야 하며, 세계 시민의 입장에서 코스모폴리탄적인 사고를 해야 한다. '코스모폴리탄Cosmopolitan'이라는 단어는 우리말로 직역하기가 어렵다. 일반적으로 세계시민적, 국제적인, 보편적 세계주의, 세계시민주의라는 뜻으로 쓰인다. 다양한 문화와 국적을 존중하고 열린 사고를 가지며, 국제정치에 관심을 가진다는 의미로 사용하는 말이다.

예전에는 '메트로폴리탄Metropolitan'이라는 단어를 많이 사용했는데, 이는 '도시적' 또는 '도회적인'이라는 뜻을 가진 단어다. 20세기에는 "너는 참 메트로폴리탄하다. 도시적이다"라는 표현이 매우 세련된 이미지를 주었다. 사람들이 시골에서 도시로 모여들던 시절에는 도시의 매력도가 큰 의미를 지녔기 때문이다. 그러나 이제는 도시적이라는 말에 한계가 있다. 오늘날 우리는 이슬람 문화, 중동 문화, 서구

문화, 그리고 유럽 특정 국가의 다양한 문화를 이해하고 수용해야 한다. 각 문화의 특성을 존중하고 공감하지 않으면 여러 국가와의 공존은 불가능하다. 이러한 태도가 코스모폴리탄, 즉 세계시민주의의 핵심이다. 이제는 도시나 국가 중심의 세상이 아니라 세계시민적인, 국제적이며 초국가적인 사고로 전환해야 한다.

국제정치학자 데이비드 헬드David Held와 앤드류 링크레이터Andrew Linklater가 강조한 세계시민주의는 오늘날 대한민국 외교에 중요한 의미를 더해준다. 헬드는 세계화된 사회에서 보편적인 인권과 책임을 강조하며, 국가의 경계를 넘어서는 글로벌 거버넌스의Global Governance 필요성을 역설했다.[60] 링크레이터 또한 국가 간 협력과 도덕적 공동체 형성을 통해 정의를 실현해야 한다고 주장했다.[61]

결국, 우리의 외교도 세계시민적 사고를 바탕으로 국가의 이익과 세계의 가치를 조화롭게 실현해야 한다. 여러 나라와의 공존과 협력을 통해 대한민국 외교는 진정한 코스모폴리탄 외교로 나아갈 수 있을 것이다. 대한민국이 글로벌 사회에서 국익을 대변하면서도, 보편적 가치를 보호하고 다양한 국가와 공존하며 함께 번영하는 외교를 지향해야 한다는 의미다.

물론 우리에게는 북한을 어떻게 대해야 할지, 그리고 우리 주변 강대국과 어떤 관계를 유지해야 할지에 대한 중요한 과제가 있다. 한국을 둘러싼 국가들은 하나같이 쉽지 않은 상대다. 일본은 세계 3위의 경제 대국이며, 중국은 세계 2위의 경제력을 갖추었을 뿐만 아니라 기준에 따라서는 이미 미국을 능가하는 경제 규모를 자랑한다.

이러한 지정학적 환경 속에서, 우리는 협력외교를 통해 한반도의 안보를 공고히 하고 나아가 국가의 미래를 책임져야 하는 상황에 처해 있다. 따라서 우리는 외교의 중요성을 결코 간과해서는 안 되며, 더욱 개방적이고 세계시민적 시각을 바탕으로 한 '코스모폴리탄 외교'를 실천해야 한다.

외교는 세상을 바꾸는 평화적이고 점진적인 힘이다. 대화와 협력, 이해를 통해 이루어지는 변화의 과정이다. 현대 외교는 다양한 형태의 공공외교를 통해 그 역할을 확장한다. 결국 우리는 다차원적인 외교를 통해 한반도의 평화와 세계적인 협력을 이루어나가야 하며, 이를 위해서는 보다

창의적이고 혁신적인 외교적 접근이 요구된다.

세계는 끊임없이 변화하고 있다. 한국은 그 변화의 중심에서 중요한 역할을 담당하고 있다. 협력외교와 더불어 개방적 사고와 다양한 문화에 대한 포용을 바탕으로 한 코스모폴리탄 외교가 우리의 지정학적 한계를 극복하는 열쇠가 될 것이다.

국내정치의 안정성과 투명성이 중요한 이유

각 나라가 균등하게 힘을 가지면 모두가 균형 있게 발전할 수 있을 것이라는 기대를 품기도 하지만, 역사를 돌아보면 모든 국가가 동등한 발전을 이루는 것은 현실적으로 어려운 일이다. 어떤 국가가 더 큰 힘을 가지게 되는 이유는 무엇일까? 국력은 과연 어디에서 비롯되는 것일까?

과거에는 영토가 넓고, 인구가 많으며, 자원이 풍부할 때 국력이 강화되고 발전했다고 여겨졌다. 19세기 미국은 '서부 개척'을 통해 대서양에서 태평양까지 영토를 확장하며 국력을 비약적으로 성장시켰다. 넓은 영토와 풍부한 자원, 이민을 통한 인구 증가가 미국의 경제력과 군사력을 뒷받침한 것이다. 중국도 거대한 영토와 막대한 인구, 풍부한 천연자원을 바탕으로 경제 성장을 이뤄냈다. 오늘날 부상 중인 인도 역시 넓은 영토, 방대한 인구, 다양한 자원이라는 3대 요소를 기반으로 강대국으로의 입지를 다지고 있다.

그러나 세 가지 요소만으로 모든 나라가 강대국이 되는 것은 아니다. 남아메리카의 브라질은 영토 면적만 놓고 보면 세계에서 5, 6위를 다툴 정도로 크고, 경작 가능한 면적은 세계에서 가장 넓다. 인구도 많고 자원도 풍부하다. 그럼에도 불구하고 브라질이 강대국으로 자리 잡지 못한 이유는 경제적 문제뿐만 아니라, 정치적 부패 때문이었다. 브라질의 정치 시스템은 오랜 기간 부패와 불안정성으로 점철되어 있어 자원을 효율적으로 관리하지 못했고, 국민의 신뢰를 얻는 데도 실패했다.

20세기 초반의 러시아 제국도 방대한 영토와 자원, 인구를 자랑했으나 정치적 부패와 체제 불안정으로 인해 결국 혁명과 붕괴의 길을 걸었다. 이는 자원과 영토가 국력의 기본 조건이 될 수는 있지만, 정치적 안정성과 효율적인 관리 체계가 함께해야만 강대국으로 성장할 수 있다는 것을 보여준다.

국력은 영토와 자원, 인구 같은 물리적 요소에만 의존하지 않는다. 정치적 안정성과 부패 방지, 효율적인 통치 시스템이 국력 형성의 중요한 조건이다. 이를 통해 각국은 자원을 최적화하고 국민의 신뢰를 얻어 지속적인 발전을 이룰 수 있다. 그렇기에 자원, 인구, 영토보다 더 중요한 것은 국내정치의 안정성과 투명성이다. 경제력을 확장하고 국가의 잠재력을 극대화할 수 있는 정치적 역량, 민주주의와 그에 따른 투명한 시스템은 국력 강화를 위한 필수 조건이다. 특히 국민의 정치에 대한 관심과 참여는 국가의 지속 가능한 성장을 뒷받침하는 중요한 동력이다. 정치적 안정성과 국민의 신뢰가 결여된 국가는 경제 성장에 한계가 있었으며, 이는 곧 국력 약화로 이어졌다.

한편, 국력을 강화하기 위해서는 내부 정치뿐만 아니라 외부와의 협력도 필수적이다. 주변국과의 협력적인 경제 관계와 외교적 파트너십을 통해 미래의 경제적 먹거리를 확보하고, 현재의 경제 교류를 안정적으로 유지할 수 있어야만 국력은 진정으로 강화된다. 독일은 유럽연합 내에서 협력적 경제 관계를 맺음으로써 경제적 이익을 극대화하고 유럽 내 리더로 자리매김했다. 이러한 상호의존적 관계는 국가 경제의 안정성뿐만 아니라 국제 무대에서의 영향력 증대에도 중요한 역할을 한다.

이제는 국력이라는 개념이 상호 배타적이지 않은 시대에 접어들었다. 과거에는 한 국가의 국력이 강해지면 다른 국가의 국력이 상대적으로 약해진다고 여겼으나, 오늘날은 경제적 상호의존성과 글로벌 공급망이 복잡하게 얽혀 있기에 한 국가의 성장이 다른 국가의 성장을 촉진하는 구조가 되었다. 우리나라의 성장이 곧 다른 나라의 성장으로 이어질 수 있고, 반대로 다른 나라의 성장이 우리나라에도 긍정적인 영향을 미친다.

예를 들어, 21세기 초반 중국의 경제 성장은 글로벌시장에 긍정적인 파급 효과를 주었고, 많은 국가가 중국과의 경제 교류를 통해 성장의 혜택을 보았다. 특히 한중일 간의 경제 성장은 상호 배타적이지 않고 상호 보완적으로 발전해 왔다. 2022년을 기준으로 중국은 한국 수출의 약 25퍼센트를 차지하고, 일본은 약 6퍼센트를 차지하며, 일본과 중국 간 무역도 여전히 밀접하다.

그러나 최근 한중 무역 구조가 변화하고 있다. 중국은 자국의 첨단기술 개발로 한국 제품 의존도를 줄이고 있으며, 2023년 상반기 한국의 대중국 수출은 16.2퍼센트 감소했다. 한편, 한국은 일본의 부품 의존도를 줄여가며 자립화를 추진 중이다. 이러한 변화는 여전히 상호 보완적이지만, 각국이 무역 다변화를 모색하고 있음을 보여준다.

그렇다면 어떻게 해야 서로가 윈윈할 수 있을까? 핵심은 외교 협상을 단발성 '원샷 게임'으로 보지 않고, 지속적이고 유연한 과정으로 인식하는 데 있다. 외교는 길게 이어지는 마라톤과도 같다. 이번 협상에서 조금 손해를 보았다고 해서 좌절할 필요는 없다. 중요한 것은 다음 단계에 어떻게 해야 더 큰 이익을 얻을 수 있는지를 염두에 두는 것이다. 상대국과의 관계는 한 번의 결과로 끝나는 것이 아니라, 협상과 조율의 연속이다.

축구 경기를 생각해 보자. 한 경기에서 졌다고 해서 전체

리그에서 승리할 기회를 잃는 것은 아니다. 다음 경기에서 전술을 바꾸고, 팀을 재정비해 더 나은 성과를 낼 수 있다. 외교도 비슷하다. 이번에 내가 손해를 보았어도 그 손해가 장기적으로는 신뢰를 쌓는 자산이 될 수 있고, 이후 협상에서 더 유리한 위치를 차지할 수 있게 만든다. 신뢰의 다리를 놓는 과정에서는 작은 손해가 더 큰 이익으로 돌아올 수도 있다.

현대 외교는 승패가 명확히 갈리는 단칼 승부가 아니라, 서로의 입장을 이해하고 장기적인 협력을 통해 상호 이익을 극대화하는 전략적인 과정이다. 상대국과의 협상은 마치 친밀한 관계를 유지하며 서로가 공감대를 형성하는 춤과 같다. 춤을 추듯 리듬을 맞추고 서로의 발걸음을 맞춰야만 협력의 무대에서 함께 승리할 수 있다. 결국 성공적인 외교는 양측이 서로 신뢰하고 협력할 수 있는 환경을 조성하는 데서 시작된다. 긴 호흡으로 이루어진 외교는 오늘의 작은 양보가 내일의 큰 성과로 이어질 수 있다는 믿음을 바탕에 두어야 한다.

외교에 용기가 중요한 이유

다시 한번 외교에서의 용기에 대해 생각하게 된다. 외교에는 적대적인 상대방에게도 우리의 이익을 분명히 주장할 수 있는 용기가 필요하다. 상대가 강하고 우리가 불리하다고 느낄 때일수록 우리의 입장을 떳떳하게 전달하고, 공정한 결과를 도출해 낼 수 있는 능동적인 외교가 중요하다. 1998년 인도와 파키스탄 간의 긴장 상황에서 인도 총리 아탈 비하리 바지파이^{Atal Bihari Vajpayee}는 핵 실험 이후 파키스탄과의 평화를 위해 과감하게 라호르 결의를 제안했다. 라호르 결의를 통해 두 나라는 상호 핵 비확산과 평화 구축을 위한 첫발을 내디뎠고, 이는 적대적 상황에서도 용기와 신뢰를 바탕으로 한 외교가 평화적 결과를 이끌어낼 수 있음을 보여주었다.

우리와 우호적인 국가들과의 관계에서도 용기와 혁신이 필요하다. 우리의 이익과 그들의 이익을 조화롭게 결합시키는 능력은 협상력 이상의 것이다. 서로의 가치를 인정하고 협력의 가능성을 극대화하는 적극적인 접근이 필요하다. 국익을 바탕으로 한 협력적인 외교가 실현될 때, 우리는 비로소 평화와 안정, 그리고 국가적 이익을 온전히 지킬 수 있다.

대표적인 사례가 바로 1970년대 한국과 이란 간의 협력 관계다. 당시 한국은 경제적으로 성장하고 있었지만 에너지 자원이 절대적으로 부족한 상황이었다. 1970년대 중반 석유 파동으로 전 세계가 에너지 위기를 맞이했을 때, 한국은 이란과의 협상을 통해 안정적인 원유 공급을 확보했다. 당시 한국은 중동 지역과의 경제협력을 전략적으로 강화하며, 이란과의 외교 관계를 긴밀히 구축했다. 이는 자원 확보를 시작으로 중동과의 경제적 파트너십을 형성하는 계기가 되었다.

이 협상에서 중요한 것은 한국이 자원을 구매하는 입장에 머물지 않고 이란의 산업 개발에 기여하며 상호 이익을 추구한 점이다. 한국 건설업체들은 이란 내 대형 건설 프로젝트를 맡아 중동 건설 붐을 이끌었고, 이는 해외 건설산업 성장을 촉진하는 결정적 계기가 되었다. 한국은 원유 공급 문제를 해결함과 동시에, 이란과의 경제협력을 통해 자국의 산업 발전에도 크게 기여한 것이다. 과감한 외교적 결단과 혁신적인 접근은 한국이 세계 무대에서 자신의 위치를 확립하는 데 중요한 역할을 했다.

용기와 혁신을 바탕으로 한 외교가 실현될 때, 우리는 진정한 평화와 안정, 그리고 장기적인 국가의 이익을 지킬 수 있다. 외교는 세계를 진보시키고 공동의 번영을 실현하는 강력한 도구이며, 이는 대한민국 헌법 정신에도 부합하는 중요한 외교적 사명이다.

복잡한 갈등 상황에서 외교의 중요성

외교 현장에서의 경험과 학교에서 배운 이론을 종합해 보면, 우리는 매우 중요한 시대를 살고 있음을 실감하게 된다. 지금의 시대는 예상치 못한 전쟁이 너무나 쉽게 일어나며 그 여파가 전 세계에 퍼지고 있다. 2023년 10월 7일 하마스와 이스라엘 간의 전쟁은 중동 지역을 극도로 불안하게 만들었다. 만약 이스라엘이 지상전을 본격적으로 시작한다면,

이란을 비롯해 헤즈볼라와 중동의 여러 국가가 군사적, 외교적으로 반이스라엘 노선을 강화할 가능성이 높다. 이는 지역 분쟁에서 벗어나 중동 전역을 긴장 상태로 몰아넣을 수 있다.

동시에 유럽에서는 우크라이나와 러시아 간의 전쟁이 여전히 진행 중이며 장기화될 가능성이 매우 높다. 이 전쟁은 단순히 두 국가의 싸움이 아니라, 북대서양조약기구와 서방 세계와 러시아의 대리전으로도 해석될 수 있다. 이로 인해 유럽의 안보 불안이 심화되고, 에너지 공급 문제와 경제적 불안정이 이어지고 있다. 현대의 전쟁은 국제사회의 외교 관계와 경제 구조를 뒤흔드는 복잡한 문제로 확대되고 있다.

이러한 현실은 우리가 살고 있는 시대가 전쟁과 갈등이 과거보다 훨씬 복잡하고, 더 쉽게 촉발될 수 있음을 보여준다. 첨예한 갈등 속에서 외교는 그 어느 때보다도 중요한 역할을 한다. 전쟁이 쉽게 일어나는 시대에는 평화를 유지하고 국제적 협력을 강화하기 위한 외교적 전략이 더욱 절실해진다.

미국과 중국의 관계는 앞으로도 더욱 복잡해질 것이며 경제적·전략적 이해관계의 충돌은 양국의 관계를 규정하는 핵심 요소가 될 것이다. 경제적으로 미국은 중국의 첨단 산업, 특히 반도체와 배터리 분야에 대한 제재를 강화할 것으로 예상되며, 이는 중국의 기술적 성장과 글로벌 경쟁력을 억제하기 위한 중요한 조치로 간주된다. 반면 중국은 이에 대응해 희귀 자원을 무기화할 가능성이 크다. 중국은 세계에서 가장 많은 희토류를 보유하고 있으며, 이를 무기화함으로써 글로벌 공급망에 강력한 압박을 가할 수 있다. 이는 중국이 미국의 제재에 수동적으로 대응하는 것이 아니라, 경제적 영향력을 활용해 적극적으로 대응할 수 있음을 시사한다.

또한 중국은 경제적 제재에 대응해 중앙아시아, 아프리카, 중동, 러시아 같은 비서방 국가들과 전략적 연대를 강화하고 있다. 이러한 움직임은 상하이협력기구에 이란이 가입한 것, 중국과 러시아 간의 교역량이 2023년에 2조 달러에 이를 것이라는 예측에서 잘 드러난다. 이는 중국과 러시아가 서방 제재에 맞서기 위한 광범위한 전략적 협력을 모색하고 있음을 보여준다.

아울러 브라질, 러시아, 인도, 중국, 남아프리카공화국이 맺고 있는 브릭스도 그 영향력을 확장하고 있다. 많은 국가가 브릭스에 가입을 신청하면서 이 협력체는 광범위한 글로벌 네트워크로 발전하고 있다. 이러한 흐름은 중국이 미국과의 대립 속에서 다양한 경제적·외교적 카드를 준비하고 있음을 시사하며, 이는 앞으로의 국제질서에 큰 변화를 불러일으킬 가능성이 크다.

결국 미국과 중국 간의 경쟁은 경제적 갈등을 넘어서 전략적 세력균형에 중대한 영향을 미치고 있다. 첨단기술과 자원, 그리고 지역 간 연대를 둘러싼 양국의 경쟁은 앞으로 국제사회의 경제와 외교를 크게 변화시킬 중요한 요인이 될 것이다. 미국을 중심으로 한 진영과 중국, 러시아를 축으로 한 진영이 명확하게 재편되는 이 시점에 중동의 불안정성까지 더해지며 외교적 민첩성은 그 어느 때보다 절실해졌다.

평화를 지키는 외교, 평화를 만드는 외교

우리와 가장 가까운 나라인 북한은 복잡한 외교적 행보가 요구되는 관계다. 한국과 북한이 중립적인 상태로 가는 것은 사실상 불가능하다. 만약 중립을 목표로 한다면, 우선 동맹을 해체하는 과정이 필요하다. 그러나 민주주의 국가이자 미국과의 동맹을 유지하고 있는 대한민국의 상황에서 이러한 결정이 국민의 지지를 받을 가능성은 매우 낮다. 국민적 합의 없이는 동맹 해체라는 결정은 비현실적이며, 이는 한반도 평화를 흔들 수 있다.

한반도에서는 평화라는 가치가 가장 중요한 자산이다. 평화가 모든 문제를 해결하지는 않지만, 평화가 없으면 모든 것이 무너질 수 있다는 점은 너무나 명확하다. 평화가 무너지면 모든 희망과 삶이 사라진다는 경각심을 가져야 한다. 우크라이나 수도 키이우에서 전해지는 처참한 장면들, 폭격으로 파괴된 가자 지구와 이스라엘, 그리고 사라진 생명을 보면 평화의 무게가 얼마나 중요한지 실감한다. 전쟁은 그들이 원한 것도 아니고, 그들의 잘못도 아니다. 하지만 이들은 전쟁을 예방하지 못한 외교적 실패와 무능한 지도자들의 결정으로 인해 고통받고 있다.

아무런 경고도 없이 일상을 무너뜨리는 전쟁의 잔혹함은 지켜보는 이들에게 두려움과 공포를 심어준다. 평화라는 가치는 너무나 당연하게 생각할 수 있지만 그것이 깨진다면 모든 것은 순식간에 무너져 내린다. 사랑하는 가족을 잃고, 생계의 터전이 사라지며, 수백 년간 쌓아온 문화와 역사가 하룻밤 사이에 잿더미가 되는 것은 외교적 실패의 산물이다. 전쟁은 잘못된 판단과 타협하지 않는 외교의 결과이며, 평화는 외교적 실패를 막을 유일한 힘이다.

평화를 지키기 위해서는 단순히 전쟁을 피하는 것이 아니라, 더 적극적으로 갈등을 예방하고 그 틈새를 메우기 위한 외교적 전략을 세우는 것이 중요하다. 평화를 향한 우리의 여정은 결코 수동적일 수 없다.

북한과 같은 적대적인 상대와 마주 앉아 평화를 지키는 외교는 본질적으로 용기를 필요로 한다. 이는 말뿐인 용기가 아니다. 끊임없는 대화와 협력을 통해 긴장을 완화하고 전쟁을 예방할 수 있는 능력을 말한다. 외교는 불확실성과 맞서 싸우는 과정에서 국익을 지키는 전략이며, 이러한 외교적 결단 없이 평화는 지속될 수 없다. 물론 국방력도 평화를 유지하는 데 중요한 역할을 한다. 하지만 진정한 평화는 군사력이 아닌 외교를 통해 이루어진다. 국방력은 평화의 보호막이 될 수 있지만, 외교는 그 보호막을 사용하지 않도록 만드는 힘이다. 지금은 세상을 지키는 외교를 넘어 세상을 변화시키는 외교가 필요한 시기다. 대한민국은 언제나 외교 중이어야 한다.

다시 헌법의 힘으로

문재인 정부에서 일하면서 도널드 트럼프 미국 대통령을 가까이에서 관찰할 기회가 있었다. 트럼프 대통령의 모습은 언론에서 묘사된 이미지와는 큰 차이가 있었다. 그는 종종 충동적이라는 평가를 받았지만 비공개 자리에서는 매우 침착하고 신중한 태도를 보여주곤 했다. 외교 무대에서도 트럼프 대통령은 전략적으로, 매우 계산된 방식으로 접근했다. 방위비 분담, 무역 협상, 북핵 문제 등 주요 사안에서 그는 언제 압박을 가하고 언제 협력을 구해야 할지 명확히 알고 있었다. 그가 방위비 분담금 문제에서 우리 측의 양보를 집요하게 요구했을 때, 국익을 지켜야 하는 입장에서는 심각한 부담을 느꼈다. 어떻게 하면 동맹의 근간을 지키면서 우리의 원칙을 지킬 수 있을지가 큰 과제였다.

트럼프 대통령이 재선에 성공한 지금, 트럼프 2.0에 대비할 수 있는 명확한 원칙과 전략을 마련하는 것이 그 어느 때보다 중요해졌다. 트럼프 대통령의 직설적인 태도는 종종 당혹스러울 수 있지만, 그는 방위비 분담 협상과 한반도 평화 프로세스에서 원칙을 지키며 한국의 국익을 당당히 주장한 문재인 대통령에게 존중을 표하기도 했다. 이러한 존중은 저절로 주어지는 것이 아니다. 흔들리지 않는 의지와 전략적 명확성이 결합해야 얻을 수 있는 것이다.

트럼프 2.0 시대의 외교는 결단력과 과감성을 시험하는 현장이 될 것이다. 국익 우선 원칙에 대한 단호한 신념은 반드시 필요하다. 트럼프 대통령의 압박에 휘둘리지 않고 우리의 핵심 가치를 지켜야 한다. 트럼프 대통령은 자신의 목표를 타협하지 않을 것이며 흔들리지도 않을 것이다. 이번에도 트럼프 대통령은 강자에게는 영합하고 약자를 가차없이 압박하며 미국우선주의를 실현하려 할 것이다. 우리는 이러한 현실을 다시금 직시하고 우리의 원칙과 전략을 점검하고 보강해야 한다.

트럼프 대통령의 첫 임기 동안 한미동맹의 접근 방식은 철저히 거래 중심적이었다. 방위비 분담금을 500퍼센트나 인상하겠다는 그의 요구는 한국에 큰 충격을 주었고 동맹의 신뢰와 원칙에 깊은 상처를 남겼다. 문제는 금액만이 아니었다. 미국이 금전적 이익을 위해 동맹의 가치를 재고할 수 있다는 메시지가 한국 사회에 큰 불안을 낳았다.

이번에도 트럼프 대통령은 방위비 분담금 인상을 요구할 것이다. 우리나라는 북대서양조약기구 회원국보다 더욱 많은 국방 예산(GDP 대비 2.8퍼센트)을 지출하고 있지만 추가적인 재정 부담이 발생할 것이다. 또한 국내에서도 동맹의 의미를 다시 묻는 여론을 불러일으킬 가능성이 크다. 이런 상황이 이어진다면 동북아 안보의 핵심축으로 자리 잡은 한미동맹은 신뢰와 안정성 자체가 위협받을 수 있다.

미국과 중국, 러시아 간 경쟁이 격화되고 군사적 긴장이 고조되는 상황에서 동맹의 단결력은 그 어느 때보다 중요하다. 트럼프 2.0은 한미동맹의 가치를 재평가할 것이다. 동맹은 한국만이 아니라 미국에도 큰 이익을 가져다준다는 것을 알아야 한다. 동맹이 가진 힘은 단순히 비용을 나누는 문제가 아니라, 양국의 안보와 번영을 함께 구축하는 데 있다. 새로운 국제질서 속에서 동맹의 가치를 다시 정립하는 것은 한국과 미국 모두를 위한 과제가 되겠지만 우리 정부의 몫이 더욱 무거워 보인다. 우리는 어떠한 동맹을 원하는가를 과감히 질문할 수 있어야 한다.

트럼프 대통령과 김정은 북한 국무위원장의 전례 없는 정상회담은 미국과 북한의 관계에서 가장 논란 많은 장면 중 하나로 남아 있다. 미북정상회담은 우리에게도 복잡하고 엇갈린 감정을 남겼다. 만약 트럼프 대통령과 김정은 위원장이 다시 만나 정상회담을 하고, 한반도 비핵화 프로세스의 전환점을 만들어간다면 어떻게 될까? 과거의 정치적 퍼포먼스를 반복하는 데 그칠까? 우리 입장에서는 이러한 만남이 진정성 있는 외교에 뿌리를 두는가, 아니면 정치적 쇼에 불과한가를 판단할 수 있어야 한다. 물론 양국의 정상이 다시 만나 북미 관계 진전을 위한 건설적 대화를 하는 것 자체만으로 한반도에 긍정적인 영향을 줄 것이다.

하지만 내부에서는 회의론이 팽배하다. 많은 보수 진영

인사들은 트럼프의 정상회담을 진정한 외교가 아닌 정치적 입지를 강화하려는 쇼맨십으로 간주한다. 과거 북미정상회담은 구체적인 합의나 비핵화를 위한 실질적인 조치를 내놓지 못한 채 명확한 성과 없이 마무리되었다고 비판한다. 이후 비핵화 과정은 교착 상태에 빠졌고, 북한은 핵무기와 미사일 능력을 지속적으로 강화했다고 분석한다.

북한 문제를 둘러싼 외교적 실패는 한국에 직격탄이 될 수 있다. 한국은 한반도의 완전한 비핵화와 평화 구축을 위한 구체적이고 지속 가능한 외교 전략을 재정립해야 할 과제를 안고 있다. 우리는 미북정상회담의 진정성과 실질적 성과를 신중하게 판단해야 한다. 트럼프 대통령이 김정은 위원장과 직접 대화에 나섰던 모습은 수십 년간의 외교적 관례를 깬 대담한 시도였다. 그의 방식은 기존의 틀에서 벗어나 비핵화 프로세스를 되살리려는 새로운 접근처럼 보였다. 미국 대통령이 북한 땅을 밟거나 김정은과 서신을 주고받는 장면은 한반도 긴장을 완화하고 관계를 재정립하려는 의지를 상징적으로 보여줬다. 이 극적인 순간들은 세계에서 가장 해결하기 어려운 분쟁 중 하나에서 돌파구를 기대하게 했다.

트럼프의 비정통적 접근 방식은 논란을 낳았지만, 동시에 새로운 가능성을 제시했다는 점에서 여전히 주목할 가치가 있다. 트럼프 1.0과 2.0의 구조적 차이를 이해하려면 무엇보다 시간의 제약을 봐야 한다. 첫 임기에서 트럼프는 재선을 염두에 두고 8년이라는 시간 프레임 속에서 움직였다. 그러나 이제는 단 4년이라는 압축된 시간 속에서 성과를 내야 하는 상황이다. 특히 2026년 중간선거 전까지 가시적인 성과를 보여줘야 한다는 압박이 크다. 이러한 시간적 제약 때문에 그는 우선순위를 재편할 가능성이 높다. 정치적 해결이 가능한 우크라이나 전쟁은 트럼프의 거래 중심적 통치 방식에 부합하는 눈에 띄는 성과를 낼 수 있기에 최우선 과제가 될 가능성이 크다.

트럼프가 김정은과의 대화를 다시 시도할 가능성도 있지만, 문제는 김정은이 이를 받아들일 준비가 되어 있느냐다. 현재 김정은은 러시아와의 관계를 강화하며 워싱턴의 손길을 멀리하는 모습이다. 지정학적 환경은 트럼프 1기 이후 극적으로 변했다. 러시아와 우크라이나의 전쟁은 글로벌 역학을 뒤흔들었고, 북한의 전략적 선택은 이제 러시아와 더 밀접하게 연결되어 있다. 여기에 한러 관계의 균열까지 더해져 상황은 더욱 복잡해졌다.

또 다른 변수는 문재인 전 대통령과 같은 숙련된 중재자의 부재다. 문재인 대통령은 과거 워싱턴과 평양 간의 간극을 메우며 한반도 평화 프로세스를 이끌었다. 지난 정부에서 한반도 평화 프로세스에 깊이 관여했던 사람으로서, 나는 트럼프 1기 동안 우리가 목격했던 역사적 정상회담의 부활을 진심으로 기대한다. 당시의 만남은 오랜 긴장 속에 갇혀 있던 한반도 희망의 가능성과 변화의 모멘텀을 불어넣었다.

그러나 앞으로의 길은 그리 쉽지 않을 것이다. 돌파구를 다시 찾으려면 대담한 리더십뿐만 아니라, 더욱 복잡해진 지정학적 환경을 헤쳐나갈 의지가 필요하다. 단순한 희망만으로는 부족하다. 실질적이고 지속적인 노력이 뒷받침되어야 한다. 지금의 상황에서 실패는 너무나 큰 대가를 치를 수 있는 위험 요소다.

경제적으로, 한국의 무역과 기술 의존도는 미국의 정책,

특히 경제 안보와 공급망 안정성 분야와 깊게 연결되어 있다. 반도체, 전기차, 이차전지와 같은 핵심 산업은 한국 경제에 필수적일 뿐만 아니라 글로벌 공급망에서도 전략적 요충지 역할을 한다. 이러한 산업에서의 혼란은 전 세계로 파급 효과를 미칠 수 있다. 미중 갈등이 격화되면서 한국의 입지는 점차 미묘해지고 있다. 중국은 여전히 한국의 최대 교역 상대국이고 미국은 한국의 주요 안보 동맹이자 핵심 기술 파트너로 굳건히 자리 잡고 있다. 이런 상황에서 트럼프 행정부가 미중 디커플링Decoupling(탈동조화)을 가속화할 경우, 한국은 미국 주도의 칩4Chip4 동맹 같은 공급망 재편에 동참할지, 아니면 중국과의 안정적인 교역 관계를 유지할지를 두고 결정하기 어려운 선택에 직면할 수 있다는 우려가 제기되고 있다.

트럼프 재선이 가져올 변화는 무역 문제에만 그치지 않는다. 공급망을 전략적으로 활용하고 경제 안보를 최우선 과제로 삼는 흐름이 강화될 가능성이 크기 때문이다. 트럼프 2.0은 기존의 불확실성이 한층 더 커질 것이며 한국은 점점 더 분열된 세계 속에서 경제 안보를 지키고 글로벌 경쟁력을 유지하기 위한 도전에 직면할 것이다. 트럼프 2.0은 첫 임기의 연장이 아니다. 한국은 빠르게 변화하는 환경에 맞춰 적응하고, 전략을 재정비하며, 급변한 세계 질서에 발빠르게 대응해야 한다. 이런 변화가 실질적인 성과를 낼지, 아니면 전 세계적인 혼란을 심화시킬지는 아직 알 수 없는 일이다.

2024년 12월 3일, 윤석열 대통령은 계엄령을 불법적으로 선포하며 한국의 헌정 질서를 심각하게 위협하는 충격적인 시도를 감행했다. 이는 사실상 친위 쿠데타에 해당하며, 민주주의의 근간을 위협하는 행위였다. 국회는 12월 14일 윤석열 대통령을 탄핵하며 단호히 대응했고, 한국 민주주의의 회복력을 다시 한번 증명했다. 이 역사적인 탄핵 이후, 특히 외교 분야에서 많은 우려가 제기되고 있다. 2025년 1월에 출범 예정인 트럼프 행정부와의 동맹 관계를 어떻게 유지할 것인지에 대한 의문이 정치적 불확실성 속에서 더욱 부각되고 있다. 새로운 정부가 출범할 때까지 정당성 있는 정부가 부재한 상황은 한미 관계의 안정성과 연속성을 유지하고자 하는 노력을 저해할 가능성이 크다.

앞으로의 동맹 관계는 어려움을 겪을 것이다. 양국 간 신뢰와 협력의 시험대가 될 것이다. 그럼에도 불구하고 윤 대통령의 탄핵이 지닌 더 큰 의미를 간과해서는 안 된다. 대한민국 헌법의 힘은 여전히 건재하다. 2024년의 친위 쿠데타 사태는 한국 민주주의의 성숙함과 역동성을 보여주는 중요한 순간이었다. 국회가 신속하고 질서 있게 대응하는 모습은 비상한 위기 속에서도 한국 민주주의가 얼마나 강력한지 잘 보여준다. 국민들 역시 국회의 결단에 힘을 모아 하나로 뭉쳤다. 이 같은 회복력은 한국 민주주의가 여전히 살아 있고, 가장 큰 위협 앞에서도 굳건히 버틸 수 있다는 강력한 메시지를 전한다.

한국 외교의 가장 큰 자산은 민주주의다. 그 저변에는 바로 대한민국 헌법이 있다. 한미동맹의 근간 또한 민주주의다. 탄핵 이후 대미 외교는 물론 우리의 전반적 외교가 약화될 것이다. 그러나 차기 정부는 대한민국 헌법의 기반 위에 민주적 회복력을 바탕으로 트럼프 행정부와 당당하게 마주 서야 한다. 물론 이 과정이 쉽거나 편하지는 않을 것이다. 하지만 한미동맹은 서울과 워싱턴의 대통령이 누구

냐에 따라 흔들릴 정도로 가벼운 관계가 아니다. 한미동맹
은 역사적 유대와 상호 협력의 전통 위에 굳건히 뿌리내렸
다. 우리에게는 대한민국 헌법이 제시하는 국익과, 국민만
바라봐야 하는 외교의 길이 있다.

참고문헌

들어가며

1. 최종건. (2023). 평화의 힘: 문재인 정부의 용기와 평화 프로세스에 관한 기록. 메디치미디어.

2. 문재인, 최종건. (2024). 변방에서 중심으로: 문재인 회고록 외교안보 편. 김영사.

3. 김동현 (2020년 8월 18일). 첫출근 최종건 외교차관 "외교부, 국민 안전에 무한책임". 연합뉴스. https://www.yna.co.kr/view/AKR20200818137251504?section=politics/all

1부

4. 김엘진. (2021년 4월 9일). 이란 '한국케미호' 나포로 무엇을 얻었나. 현대해양. https://www.hdhy.co.kr/news/articleView.html?idxno=14386

5. 이권형, 손성현, 장윤희. (2018). 미국의 이란핵합의(JCPOA) 탈퇴 이후 한 · 이란 경협 관계 전망 및 시사점. KIEP 기초자료, 18(1), 1-17.

6. 전광석. (2018). 헌법의 기초. 집현재.
   이효원. (2024). 일생에 한번은 헌법을 읽어라. 현대지성.

7. 정종섭. (2022). 헌법학원론. 박영사.

8. 박혁. (2024). 헌법의 순간: 대한민국을 설계한 20일의 역사. 페이퍼로드.

9. 최종건. (2008). 신현실주의 이론의 '무정부 신화'에 대한 구성주의적 비판. 한국정치학회보, 42(2), 345-361.

10. Shaw, M. N. (2021). *International Law*. Cambridge University Press.

11. 최종건. (2013). 신현실주의 기원과 국제정치학의 이론적 함의: 1959~1979 월츠의 저작을 중심으로. 국제정치논총, 53(4), 9-37.

12. 이동선. (2009). 21세기 국제안보와 관련한 현실주의 패러다임의 적실성.

국제정치논총, 49(5), 55-80.

13. 이근욱. (2009). 자유주의 이론과 안보, 모순된 조합인가 새로운 가능성인가?. 국제정치논총, 49(5), 33-53.

14. 최종건. (2009). 안보학과 구성주의: 인식론적 공헌도를 중심으로. 국제정치논총, 49(5), 81-100.

15. Wolfers, A. (1965). *Discord and Colloaboration: Essays on International Relations.* Johns Hopkins Press.

16. Baldwin, D. A. (1985). *Economic Statecraft.* Princeton University Press. Blackwill, R. D., & Harris, J. M. (2016). *War by Other Means: Geoeconomics and Statecraft.* Harvard University Press.
김양희. (2022). 일본의 경제안보 추진전략과 한국형 경제안보전략. 무역안보관리원.

17. 한겨레 21. (2023년 3월 20일). 국익외교? 윤 대통령은 일본 주장이 정말 맞다고 믿은 것 아닌가. 한겨레 21. https://n.news.naver.com/mnews/article/028/0002633488?sid=100

18. World Bank DataBank(https://databank.worldbank.org/home), IMF World Economic Outlook(https://www.imf.org/external/datamapper/NGDPD@WEO/OEMDC/ADVEC/WEOWORLD) 참고.

19. 외교부. (2021년 12월 28일). 2022-24년 우리나라의 유엔 예산 분담률 결정 (2.574%). 외교부 보도자료.

20. World Health Organization. (2020, December 2). Republic of Korea : Success against COVID-19 based on innovation and public trust. *World Health Organization.* https://www.who.int/news-room/feature-stories/detail/republic-of-korea-success-against-covid-19-based-on-innovation-and-public-trust

21. 양기호. (2024). 문재인 정부와 한일 관계: 갈등을 딛고 미래지향적 협력을 추구한 5년의 기록. 주류성.

2부

22. Mearsheimer, J. J. (2014, August 18). Why the Ukraine Crisis Is the West's Fault. *Foreign Affairs*. https://www.foreignaffairs.com/articles/russia-fsu/2014-08-18/why-ukraine-crisis-west-s-fault

23. 대표적인 주장은 다음을 참고.

McFaul, M. (2022, May/June) The Myth of NATO Expansion. *Foreign Affairs*.

Snyder, T. (2022, Aprl 28). The War in Ukraine Is a Colonial War. *The New Yorker*. https://www.newyorker.com/news/essay/the-war-in-ukraine-is-a-colonial-war

24. 김우정. (2024년 10월 26일). 3년째 접어든 우크라이나-러시아 전쟁… 군인 사망자 17만 명, 하루 175명꼴. 주간동아. https://weekly.donga.com/politics/article/all/11/5246599/1?utm_source=chatgpt.com

25. 우크라이나 전쟁 초기 한국 기자로서 현장의 기록을 담은 도서로 다음을 참고.

김민관. (2023). 전쟁이 말하지 않는 전쟁들: 우크라이나 전쟁의 뒷면, 흑백 논리로 재단될 수 없는 슬픔과 고통에 관하여. 갈라파고스.

26. 유정인. (2023년 7월 16일). 한·우크라 회담, 윤 대통령 "'생즉사 사즉생'의 정신으로 연대". 경향신문. https://www.khan.co.kr/politics/president/article/202307152055001

27. 김상훈. (2024년 10월 7일). 가자전쟁 1년… "팔레스타인인 4만 2천·이스라엘군 728명 사망". 연합뉴스. https://www.yna.co.kr/view/AKR20241007108700009?utm_source=chatgpt.com

28. 김문성. (2024년 10월 5일). 사상자 1만명 육박…레바논, 이스라엘 공격 3주만에 역대급 참사. 연합뉴스. https://www.yna.co.kr/view/AKR20241005034300009?utm_source=chatgpt.com

29. Shepardson, D. (2024, December 19). US finalizes $458 million award to SK Hynix for US chips packaging facility. *Reuters*. https://www.reuters.com/technology/us-finalizes-458-million-award-sk-hynix-us-

chips-packaging-facility-2024-12-19/?utm_source=chatgpt.com

30. Moon, C., & Yeon, W. (2024). Clashes of techno-statecraft: US-China technology rivalry and South Korea's strategy?. *Business and Politics*, 1-21.

31. 찰스 킨들버거. (1998). 대공황의 세계 (박명섭, 역). 부키. (원저 출판 1971) 한나 아렌트. (2006). 전체주의의 기원 (이진우 & 박미애, 역). 한길사. (원저 출판 1951)

32. Kissinger, H. (1994). *Diplomacy*. Simon & Schuster.

Black, J. (2010). *A History of Diplomacy*. University of Chicago Press.

33. 이성무. (2007). 조선외교사. 일조각.

34. Sherman, W. (2018). *Not for the Faint of Heart: Lessons in Courage, Power, and Persistence*. Public Affairs.

35. 한명기. (2009). 정묘-병자호란과 동아시아. 푸른역사.

36. 최연식. (2020). 조선 지식인의 국가경영법. 옥당북스.

37. 한명기. (2019). 최명길 평전. 보리출판사.

38. Powell, J. (2015). *Talking to Terrorists : How to End an Armed Conflict*. Vintage.

39. 구갑우. (2013). 아일랜드섬 평화과정 네트워크의 형태변환: 합의 이후 실행과정에서 나타난 이념과 세력의 변화를 중심으로. 한국과 국제정치, 29(3), 189-228.

40. 연합뉴스. (2019년 11월 26일). [한-아세안] 라오스·미얀마·캄보디아 내년 중등학교에 한국어 과목 도입. 연합뉴스. https://www.yna.co.kr/view/AKR20191126131100004?utm_source=chatgpt.com

41. 이재호. (2023). 한국의 대아세안 교역 및 무역수지 사상최대기록. KIEP 동향세미나. https://www.kiep.go.kr/aif/issueDetail.es?brdctsNo=342087&mid=a30200000000&systemcode=03

42. 구정모. (2022년 3월 23일). [우크라 침공 한달] 유가·밀값 40%대 급등…'에너지·식량위기 공포'. 연합뉴스. https://www.yna.co.kr/view/AKR20220322137000009?utm_source=chatgpt.com

43. 최준영. (2023년 2월 25일). 러-우크라이나 전쟁 1년, 글로벌 경제 생태계가 바뀌었다. 시사저널. https://www.sisajournal.com/news/articleView.html?idxno=257191&utm_source=chatgpt.com

44. 이준규. (2023년 2월 24일). 전쟁이 쏘아올린 에너지난·식량 위기, 세계 경제를 흔들다. 노컷뉴스. https://www.nocutnews.co.kr/news/5900399?utm_source=chatgpt.com

45. 선명수. (2023년 2월 22일). '에너지·식량값 상승' 유례없는 인플레이션… 세계 경제 침체의 늪으로. 경향신문. https://www.khan.co.kr/article/202302222219005?utm_source=urlCopy&utm_medium=social&utm_campaign=sharing

3부

46. 김동기. (2020). 지정학의 힘: 시파워와 랜드파워의 세계사. 아카넷.

47. Blainey, G. (1973). *The Causes of War*. Macmillan.

48. Kissinger, H. (1957). *A World Restored: Metternich, Castlereagh and the Problems of Peace, 1812-1822*. Houghton Mifflin.
    Jarrett, M. (2014). *The Congress of Vienna and its Legacy: War and Great Power Diplomacy after Napoleon*. I.B. Tauris.

49. 최원기. (2021). 신남방정책 4년 평가: 외교적 성과와 향후 과제. 주요국제문제분석, 1-25.

50. 대한민국 정책브리핑. (2022년 1월 4일). 9.19남북군사합의. 대한민국 정책브리핑. https://www.korea.kr/special/policyCurationView.do?newsId=148865808

51. 한용섭. (2019). 군비통제 관점에서 본 9.19남북군사합의의 의의와 전망. 국가전략, 25(2), 5-31.

52. 강근태 외. (2020). 북방정책과 7.7선언. 국립외교원 외교안보연구소 외교사연구센터.

53. 언급한 수치는 통일부 북한정보포털의 북한지식 2021에서 인용했다.

54. 문재인, 최종건. (2024). 변방에서 중심으로: 문재인 회고록 외교안보 편. 김

영사.

최종건. (2023). 평화의 힘: 문재인 정부의 용기와 평화 프로세스에 관한 기록. 메디치미디어.

55. Katzenstein, P. J. (Ed.). (1996). *The culture of national security: Norms and identity in world politics*. Columbia University Press.

56. 통일부. (2022). 통일부_유형별 남북교역현황. 공공데이터포털. https://www.data.go.kr/data/15106205/fileData.do

4부

57. 손호철. (2017). 촛불혁명과 2017년 체제: 박정희, 87년, 97년 체제를 넘어서. 서강대학교출판부.

58. 한국콘텐츠진흥원. (2017). 2017년 1분기 콘텐츠산업 동향분석보고서(출판, 만화산업). https://welcon.kocca.kr/ko/info/trend/1928454

59. CIVICUS Monitor. (2017, June 16). Spirit of candlelight revolution continues as Moon Jae-in takes power. *CIVICUS*. https://monitor.civicus.org/explore/spirit-candlelight-revolution-continues-moon-jae-takes-power/

60. Held, D. (1995). *Democracy and the global order: From the modern state to cosmopolitan governance*. Stanford University Press.

61. Linklater, A. (1998). *The transformation of political community: Ethical foundations of the post-Westphalian era*. University of South Carolina Press.

KI신서 13386

헌법의 힘, 외교의 길

1판 1쇄 발행 2025년 2월 26일
1판 2쇄 발행 2025년 4월 7일

지은이 최종건
펴낸이 김영곤
펴낸곳 ㈜북이십일 21세기북스

인생명강팀장 윤서진 **인생명강팀** 박강민 유현기 황보주향 심세미 이수진 이현지
디자인 김희림
마케팅팀 남정한 나은경 한경화 권채영 전연우 최유성
영업팀 한충희 장철용 강경남 황성진 김도연
제작팀 이영민 권경민

출판등록 2000년 5월 6일 저1406-2003-061호
주소 (10881) 경기도 파주시 회동길 201(문발동)
대표전화 031-955-2100 **팩스** 031-955-2151 **이메일** book21@book21.co.kr

(주)북이십일 경계를 허무는 콘텐츠 리더

21세기북스 채널에서 도서 정보와 다양한 영상자료, 이벤트를 만나세요!
페이스북 facebook.com/jiinpill21   포스트 post.naver.com/21c_editors
인스타그램 instagram.com/jiinpill21 홈페이지 www.book21.com
유튜브 youtube.com/book21pub

서울대 가지 않아도 들을 수 있는 명강의! 〈서가명강〉
'서가명강'에서는 〈서가명강〉과 〈인생명강〉을 함께 만날 수 있습니다.
유튜브, 네이버, 팟캐스트에서 '서가명강'을 검색해보세요!

ⓒ 최종건 2025
ISBN 979-11-7357-097-1 04300
       978-89-509-9470-9 (세트)

대한민국 대표 교수진의 지식 공유 프로젝트

인생명강
내 인생에 지혜를 더하는 시간

사는 게 어렵고 막막할 때 우리는 어디에서 답을 찾아야 할까?
'인생명강'은 전국 대학의 명강의를 엮은 시리즈로,
오늘을 살아갈 지혜와 내일을 꿰뚫어보는 인사이트를 선사한다.
과학철학역사경제문학 등 다양한 분야의 지식 콘텐츠를 만날 수 있다.

심리

권일용 저 │ 『내가 살인자의 마음을 읽는 이유』
권수영 저 │ 『관계에도 거리두기가 필요합니다』
한덕현 저 │ 『집중력의 배신』

경제

김영익 저 │ 『더 찬스 The Chance』
한문도 저 │ 『더 크래시 The Crash』
한　민 저 │ 『한국인의 부자 유전자』

과학

김범준 저 ｜『내가 누구인지 뉴턴에게 물었다』
김민형 저 ｜『역사를 품은 수학, 수학을 품은 역사』
장이권 저 ｜『인류 밖에서 찾은 완벽한 리더들』

인문/사회

김학철 저 ｜『허무감에 압도될 때, 지혜문학』
조병영 저 ｜『기울어진 문해력』
최종건 저 ｜『헌법의 힘, 외교의 길』

고전/철학

이진우 저 ｜『개인주의를 권하다』
이욱연 저 ｜『시대를 견디는 힘, 루쉰 인문학』
이시한 저 ｜『아주 개인적인 군주론』